Michael Krimmer

Keynote

für OS X, iOS und iCloud

amac
BUCH VERLAG

Michael Krimmer

Keynote

für OS X, iOS und iCloud

Copyright © 2014 amac-buch Verlag

ISBN 978-3-95431-017-3

Konzeption/Koordination:	amac-buch Verlag
Layout und Cover:	Simone Ochsenkühn, Obergriesbach
Satz:	Johann Szierbeck, Aichach
Korrektorat:	Frauke Wilkens, München
Druck und Bindung:	deVega Medien GmbH, Augsburg

Trotz sorgfältigen Lektorats schleichen sich manchmal Fehler ein. Autoren und Verlag sind Ihnen dankbar für Anregungen und Hinweise!

amac-buch Verlag
Erlenweg 6
D-86573 Obergriesbach
E-Mail: info@amac-buch.de
http://www.amac-buch.de
Telefon +49(0) 82 51/82 71 37
Telefax +49(0) 82 51/82 71 38

Inhaltsverzeichnis

Inhaltsverzeichnis

Inhaltsverzeichnis

! Das gratis E-Book einlösen:

1. Öffnen Sie Ihren Browser und geben Sie ein:
   http://www.amac-buch.de/keynote-epub
   oder falls Sie das Buch als PDF wünschen:
   http://www.amac-buch.de/keynote-pdf

2. Fügen Sie das E-Book zu Ihrem Warenkorb hinzu.
   (Hinweis: Neukunden müssen sich spätestens beim Hinzufügen zum Warenkorb registrieren)

3. Den individuellen Code Ihres E-Books finden Sie auf der vorletzten Seite in diesem Buch. Beim Bestellvorgang im Shop diesen Gutscheincode in das dafür vorgesehene Feld eingeben und auf **Gutschein einlösen** klicken.

4. Nach Bestellabschluss erhalten Sie eine E-Mail mit dem Downloadlink Ihres digitalen Buchs.

Viel Spaß mit der amac-buch-Geschenkgarantie!

Vorwort

Michael Krimmer

Wer im beruflichen oder privaten Bereich Informationen präsentieren möchte und eine technische Affinität mitbringt, greift häufig zu einer Präsentationssoftware. Was unter Windows Microsofts PowerPoint ist, ist auf dem Mac Apples eigene Präsentationssoftware Keynote.

Woher der Begriff Keynote kommt, ist schnell erklärt: Der wahrscheinlich kreativste Anwender der Software war der 2011 verstorbene Apple-Gründer Steve Jobs. Es ist nur schwer vorstellbar, dass der Apple-CEO selbst am Rechner saß und Folien gestaltet hat. Aber der Mann an der Front bzw. auf der Bühne war immer der Apple-Geschäftsführer und seine Darbietungen von einer Professionalität geprägt, die noch immer ihresgleichen sucht.

Die aktuelle Version von Keynote, um die es in diesem Buch geht, ist die Version 6. Wer sich ab Oktober 2013 einen neuen Mac, ein iPhone oder iPad gekauft hat oder künftig kaufen wird, bekommt Keynote wie die anderen beiden ehemaligen sogenannten iWork-Programme (Numbers, Pages) kostenfrei mit dazu. Wie Sie das Programm auf Ihrem Mac installieren und aktuell halten, erfahren Sie gleich im nächsten Abschnitt.

Neben der angesprochenen Version für Apples Macs gibt es Keynote auch noch für die mobilen iOS-Geräte iPad, iPhone und iPod touch. Und Keynote lässt sich auch komplett ohne Softwareinstallation bedienen. Möglich macht es eine spezielle Version, die in der iCloud und somit direkt im Webbrowser verfügbar ist. Auch auf die iOS- und iCloud-Versionen von Keynote gehen wir noch im Detail ein.

Keynote ist ein leistungsstarkes Programm, mit dem Sie fantastische Präsentationen erstellen können. Wie das geht und welche Möglichkeiten Sie dabei haben, zeigen ich Ihnen nun im weiteren Verlauf dieses Buches.

Obergriesbach im April 2014

PS: Lust auf zwei Insidertipps gleich zu Beginn?

1. Wenn Sie auf dem iPad oder iPhone präsentieren, stehen Ihnen neben dem Laserpointer sieben Buntstifte zur Verfügung. Via *Fertig* kehren Sie zur Präsentation zurück und mittels ↺ können Sie die Buntstiftanmerkungen entfernen.

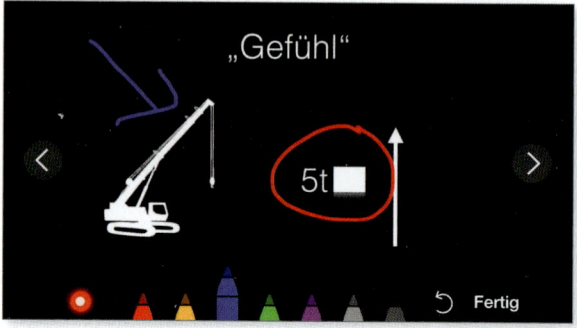

Der Laserpointer bzw. die Buntstifte helfen dabei, auf interessante Elemente der Folie hinzuweisen. Über die beiden Pfeile können Sie bequem vor und zurück blättern.

2. Und ebenso auf den mobilen Apple-Geräten steht eine leistungsfähige Dateisuche in der Übersicht zur Verfügung. Einfach den Bildschirm nach unten ziehen, Suchbegriff eingeben und schon zeigt das Gerät die entsprechende Präsentation an.

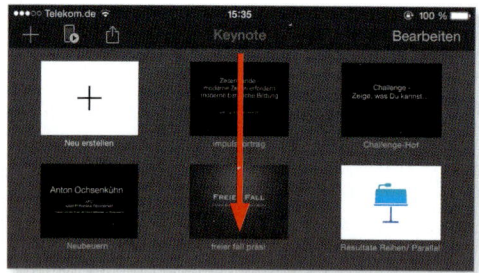 

Einfach den Bildschirm nach unten ziehen (links), um zur Suche zu gelangen (rechts).

Viele weitere Tipps und Kniffe finden Sie im Buch – viel Freude beim Lesen und Ausprobieren.

Keynote
auf dem Mac

Möchten Sie Keynote auf dem Mac nutzen, muss die Software auf dem Rechner installiert sein. Haben Sie nach dem 1. Oktober 2013 einen neuen Mac erstanden, bekommen Sie die Software kostenlos zum Download im App Store angeboten. In diesem Fall oder wenn Sie Keynote früher schon einmal gekauft haben, ist es zunächst erforderlich, dass Sie sich Keynote aus dem App Store herunterladen. Das geht schnell und stellt kein Problem dar. Wer Keynote regulär kaufen möchte, wird mit 17,99 Euro zur Kasse gebeten. Haben Sie OS X Mavericks installiert und besitzen Sie eine Vorversion von Keynote, können Sie kostenlos über den App Store auf die neue Version updaten.

Keynote installieren, updaten und starten

Wir zeigen Ihnen zunächst, wie Sie Keynote aus dem App Store laden, wenn das Programm nicht bereits installiert ist. Starten Sie zuerst den App Store. Sie finden das entsprechende Icon dafür in Ihrem Dock.

Sofern noch nicht installiert, können Sie Keynote über den App Store laden.

Bemühen Sie dann rechts oben die Spotlight-Suche, indem Sie in das entsprechende Feld den Begriff „Keynote" eingeben. Daraufhin erhalten Sie den gewünschten Treffer. Sie werden sehen, dass es eine Vielzahl von Programmen gibt, die thematisch mit Keynote zu tun haben, etwa zusätzliche Vorlagen anbieten. Das eigentliche Programm sehen Sie ganz oben links in der Trefferliste.

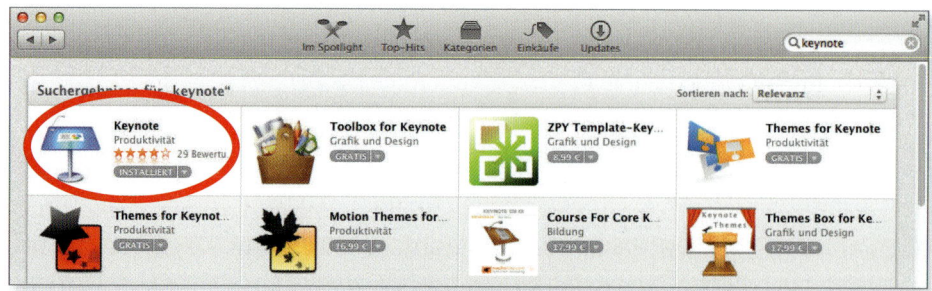

Wählen Sie in der Trefferliste Apples Keynote aus. Im Zweifel erkennen Sie es am angezeigten Symbol mit Rednerpult.

An dieser Stelle können Sie einige unterschiedliche Optionen erhalten: Wenn Sie Keynote noch nie installiert haben und auch nicht durch den Kauf eines aktuellen Rechners für die kostenfreie Version qualifiziert sind, zeigt Ihnen der App Store den Kaufpreis von *17,99 €* (Stand: Februar 2014) an. Wurde Keynote früher einmal geladen (also bereits mit Ihrer Apple-ID verknüpft), ist es derzeit aber nicht installiert, bietet der App Store die Option *Installieren* an. Das gilt auch für die kostenfreie Installation im Rahmen eines Mac-Neukaufs. Haben Sie eine ältere Version von Keynote bereits installiert, wird Ihnen die Option *Aktualisieren* angeboten. Haben Sie Keynote schon in der neuesten Version, steht dort schlicht *Installiert*.

Der App Store hilft Ihnen in allen Lagen mit der entsprechenden Option weiter.

Aber nicht nur im App Store erfahren Sie, wie es um Ihre Versionsnummer bestellt ist. Auch wenn Sie Keynote einfach starten, werden Sie über eine eventuell vorhandene neuere Version informiert.

Wenn Sie eine veraltete Keynote-Version starten, erhalten Sie ebenfalls einen entsprechenden Hinweis auf verfügbare Updates.

Wählen Sie eine der drei ersten Möglichkeiten aus, damit Sie nach dem Herunterladen und der Installation die aktuelle Version von Keynote auf Ihrem Rechner haben. Oder aber beenden Sie den App Store, wenn Sie bereits über die aktuelle Version verfügen.

Wenn Sie ein Programm häufig nutzen, bietet sich die Unterbringung im Dock an. Das gilt dann natürlich auch für Keynote.

Starten Sie dann Keynote, indem Sie (falls dort vorhanden) auf das Icon im Dock klicken, die Spotlight-Suche nutzen oder das Programm in Ihrem *Programme*-Ordner ausfindig machen und dort darauf doppelklicken. Daraufhin öffnet sich das Programm und Sie können mit der Aufbereitung Ihrer Präsentation beginnen.

Keynote startet mit einer sehr selbstbewussten Ansage: „Die beste App zum Erstellen von Präsentationen.“

Klicken Sie auf *Fortfahren*, um mit Keynote zu starten. Danach folgt noch ein *Beginnen* genanntes Fenster. Dort erfahren Sie, welche Vorteile Sie bei der Arbeit mit Keynote haben. Das sind unter anderem die Speicherung Ihrer Präsentationen in der iCloud, vorgefertigte Themen und Animationen. Und in der Tat: Diese Dinge sind es, die Keynote auszeichnen. Wie Sie all das optimal einsetzen können, erfahren Sie im weiteren Verlauf dieses Buches.

 **Hinweis zu Tastenkürzeln:** Sie werden in diesem Buch erfahren, wie Sie mit Tastenkürzeln eine Funktion aufrufen können. Dabei gibt es eine Sache zu beachten: Wenn beispielsweise **cmd + N** angegeben ist, wird das **+** nicht mitgedrückt. Das zeigt nur, dass die eine Taste PLUS die andere Taste gedrückt werden soll. Sie drücken also für eine neue Präsentation lediglich **cmd** und **N**.

Wählen Sie an dieser Stelle, ob Sie eine neue *Präsentation erstellen* möchten oder ob Sie bereits vorhandene Dokumente anzeigen lassen möchten (*Meine Präsentationen anzeigen*). Wir beginnen mit einer neuen Präsentation und klicken auf den entsprechenden Button.

 Wenn Sie später einmal eine neue Präsentation anlegen möchten, wählen Sie **Ablage –> Neu** oder drücken **cmd + N**. Auf bereits vorhandene Präsentationen greifen Sie über **Ablage –> Öffnen** oder **cmd + O** zu.

Mit Themen arbeiten

Themen (anders ausgedrückt: Vorlagen) sind in vielerlei Hinsicht hilfreich. Sie sparen viel Zeit, weil man zu Beginn keine Zeit darauf verwenden muss, die Folie von Grund auf zu gestalten. Außerdem sorgen sie dafür, dass alle Folien innerhalb einer Präsentation gleich oder zumindest ähnlich aussehen. Das gibt der gesamten Präsentation einen homogenen und damit professionellen Touch. Und auch Keynote bietet einige Themen an, aus denen Sie gleich zu Beginn wählen können.

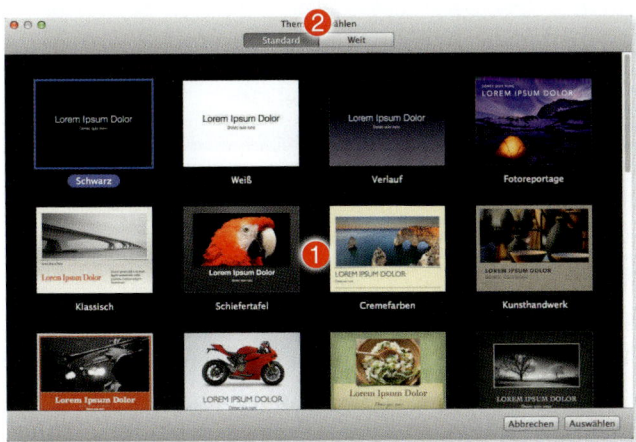

Keynote bietet eine Auswahl von vorgefertigten Themen an. Damit können Sie sich gleich zu Beginn auf Inhalte konzentrieren.

Wählen Sie im Hauptbereich ❶ die gewünschte Vorlage aus. Im Bereich oben ❷ können Sie zwischen *Standard* (entspricht einer Foliengröße von 1024 x 768 Pixel) und *Weit* (entspricht der Full-HD-Auflösung von 1920 x 1080 Pixel) wählen. Bei der Darstellung auf modernen HD-Projektoren, Fernsehern oder Mac-Displays verwenden Sie idealerweise *Weit*.

Der Hauptbereich von Keynote

Wir wählen das Thema *Fotoreportage* und bestätigen mit einem Klick auf *Auswählen*. Daraufhin wird die Keynote-Oberfläche angezeigt und die erste Folie gleich eingefügt.

 Sie können an dieser Stelle aber natürlich auch ein anderes Thema wählen oder mit einer leeren Folie beginnen.

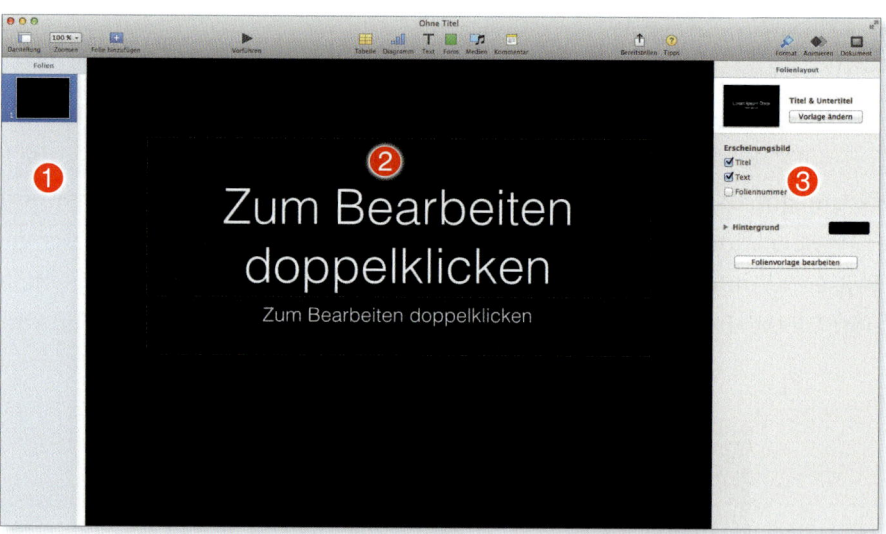

Das ist die Oberfläche von Keynote. Sie wirkt sehr aufgeräumt, bietet aber dennoch eine Vielzahl von Möglichkeiten.

Sehen wir uns zunächst die Optionen an, die Sie bei der Folie selbst (und auch bei anderen Elementen wie beispielsweise Bildern) haben. Diese Dinge finden Sie im Hauptfenster von Keynote. Die Möglichkeiten, die uns die Symbolleiste darüber im Bild zum Hinzufügen von Inhalten bietet, besprechen wir danach.

❶ In dieser Spalte werden die vorhandenen Folien mit je einem Vorschaubildchen aufgelistet.

❷ Wie die jeweils ausgewählte Folie aussieht, sehen Sie im Hauptbereich von Keynote.

❸ Die Optionen zur Folie finden Sie rechts.

Neue Folien hinzufügen

Um Ihrer Präsentation eine neue Folie hinzuzufügen, klicken Sie auf das +-Symbol (*cmd + Shift + N*) in der Symbolleiste links oben. Wählen Sie dann im nächsten Schritt in der Auswahl aller Folien des gewählten Themas die passende Folie aus.

Über das +-Symbol gefolgt von der Auswahl der passenden Vorlage fügen Sie eine neue Folie hinzu.

Folienlayout anpassen

Im Bereich *Folienlayout* können Sie später die aktive Folie durch eine andere aus dem gewählten Thema ersetzen (dazu später mehr). Bei *Erscheinungsbild* legen Sie fest, was auf der Folie zu sehen sein soll. In unserem Beispiel ist der *Titel* der weiße Textblock und der *Text* der farbige darüber.

 Wenn Sie genau sehen möchten, welche Option was bewirkt, deaktivieren Sie den Punkt und aktivieren ihn hinterher wieder.

Ganz wichtig: Speichern und Laden

Wir können uns gut vorstellen, dass Sie es kaum erwarten können, Ihre ersten Folien mit Keynote zu erstellen. Aber bitte lesen Sie zunächst den folgenden Abschnitt durch. Es gibt nämlich wie bei fast allen Programmen einen anderen Aspekt, der immens wichtig ist: das Speichern und Laden von Präsentationen.

Sobald Sie Inhalte einer Keynote-Präsentation hinzufügen oder bestehende Elemente ändern, zeigt Keynote das in der Programmleiste ganz oben an.

Diese Präsentation wurde geändert und muss gespeichert werden. Noch dazu hat sie bisher keinen Namen erhalten.

Präsentationen speichern

Klicken Sie nun auf die Leiste, in der auch *Bearbeitet* zu lesen ist. Daraufhin öffnet sich der Speichern-Dialog. Geben Sie der Präsentation dann gleich mal einen aussagekräftigen Namen. Wenn Sie in das Feld rechts neben *Ort:* klicken, erhalten Sie Zugriff auf alle verfügbaren Speicherorte wie den *Desktop*, interne und externe Festplatten sowie die *iCloud*. So können Sie Ihre Präsentation ganz so ablegen, wie Sie es von all den anderen Dateien auf Ihrem Computer gewohnt sind.

Keynote erlaubt Ihnen die Speicherung lokal und in der iCloud.

Möchten Sie den vergebenen Namen später einmal ändern, geht das ganz einfach über **Ablage –> Umbenennen ...**

Keynote-Präsentationen in der iCloud ablegen

Wer gerne unterwegs an seinen Dateien weiterarbeitet, für den ist die Speicherung in der iCloud besonders interessant. So können Sie eine Präsentation auch unterwegs auf dem iPad oder iPhone öffnen und weiterbearbeiten.

Die Präsentation ist auch auf dem iPad verfügbar. Möglich macht diesen nahtlosen Austausch die Speicherung in der iCloud.

Aber nicht nur für den Zugriff auf den mobilen Apple-Geräten unterwegs eignet sich die iCloud. Auch wenn Sie an verschiedenen Macs arbeiten (etwa iMac zu Hause und MacBook Pro im Büro), können Sie über die iCloud ohne den Einsatz eines USB-Sticks auf Ihre Präsentationen zugreifen.

 Wenn Sie eine Datei während der Arbeit zwischenspeichern möchten, wählen Sie **Ablage –> Sichern** oder drücken **cmd + S**. Wenn Sie eine Datei zum ersten Mal über diesen Weg sichern, erhalten Sie den bereits bekannten Speichern-Dialog.

Mit Tags arbeiten

Eine Neuerung von Apples aktuellem Betriebssystem Mavericks sind Tags. Damit lassen sich bestimmte Dateien thematisch zusammenfassen und später leicht auffinden und sortieren. Und auch Keynote unterstützt Tags. Vergeben Sie die vorgefertigten oder selbst erstellten Tags ganz einfach im Speichern-Dialog von Keynote.

Keynote unterstützt auch Tags von OS X Mavericks.

Präsentationen schützen

Sie werden im weiteren Verlauf dieses Buches erfahren, wie Sie einzelne Elemente gegen ungewollte Änderungen schützen können. Das geht auch mit der gesamten Präsentation. Wenn Sie also die Folien fertig angepasst haben und nichts mehr ändern wollen, klicken Sie die Option *Geschützt* an.

Sobald Sie eine Präsentation schützen, sind keine Änderungen mehr möglich.

Sie sehen es bereits im Speichern-Dialog, dass Sie nicht einmal mehr den Namen ändern können. Dass es sich dabei um eine geschützte Datei handelt, erkennen Sie bereits vor dem Öffnen. Das kleine Schlosssymbol informiert Sie darüber.

Diese Datei ist geschützt und kann nicht geändert werden.

Wenn Sie eine solche Datei öffnen und Änderungen an den Inhalten vornehmen möchten, erhalten Sie diese Meldung:

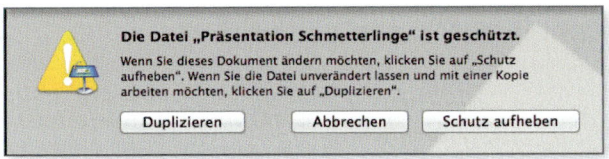

Keynote verweigert zwar den Zugriff, bietet aber weitere Optionen an.

Mit *Duplizieren* erstellen Sie eine exakte Kopie der Datei, die Sie dann auch bearbeiten können. Das Original bleibt dabei unberührt. Möchten Sie aber an der Hauptdatei weiterarbeiten, können Sie hier auch *Schutz aufheben* wählen.

 Der Schutz gilt natürlich nur so lange, bis Sie das Häkchen bei **Geschützt** wieder entfernen oder im Öffnen-Dialog **Schutz aufheben** wählen. Dann können Sie die Datei wieder umbenennen und bearbeiten.

Bei all den Möglichkeiten, die Ihnen der Speichern-Dialog bietet, müssen Sie aber keine Angst haben, dass Ihnen mal eine Präsentation aus Unachtsamkeit verloren geht. Selbst wenn Sie keinen der beiden gezeigten Wege zur Speicherung beschreiten und Keynote einfach beenden möchten, steht Ihnen der entsprechende Assistent von Keynote zur Seite.

Gibt es dann noch ungesicherte Folien in einer neuen Präsentation, erhalten Sie eine entsprechende Mitteilung verbunden mit der Möglichkeit, die Datei zu speichern.

Auch hier können Sie die Präsentation speichern. Haben Sie lediglich etwas ausprobiert, was Sie behalten möchten, wählen Sie „Löschen".

Präsentationen öffnen

Um auf bestehende Präsentationen zugreifen zu können, klicken Sie entweder auf *Ablage –> Öffnen ...* oder drücken Sie *cmd + O*. Daraufhin wird der Öffnen-Dialog angezeigt, über den Sie entweder *Lokal* gespeicherte Dateien öffnen oder auf die *iCloud* zugreifen können.

Mit verschiedenen Versionen arbeiten

Neben den eingangs erwähnten Tags unterstützt Keynote auch eine weitere sinn-
volle Funktion des Betriebssystems: Versionen.

In der Praxis bedeutet das, dass Keynote in regelmäßigen Abständen automatisch Sicherungen ablegt, auf die Sie auch gezielt zugreifen können. Wenn
Sie also gerne einen älteren Stand Ihrer Präsentation wiederhergestellt haben
möchten, klicken Sie auf *Ablage –> Zurücksetzen auf* und wählen dort *Alle Versionen durchsuchen ...*

Daraufhin erhalten Sie eine Oberfläche, die an Apples Backup-Funktion Time
Machine erinnert.

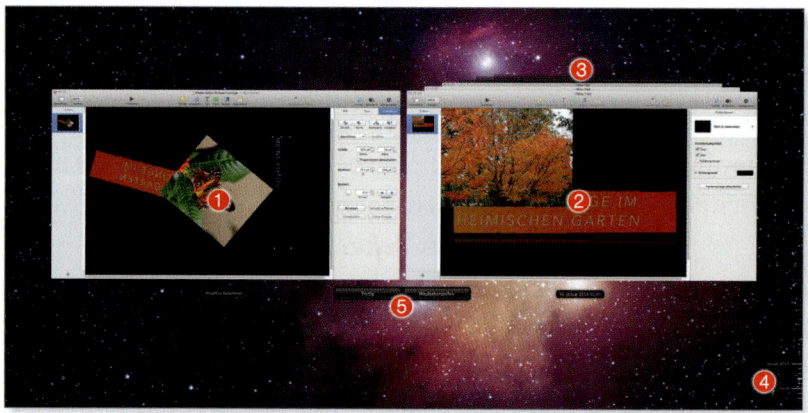

Keynote erlaubt den Zugriff auf ältere Versionen eines Dokuments.

❶ Links sehen Sie die Datei, wie sie momentan aussieht.

❷ Rechts können Sie eine der älteren Versionen auswählen und betrachten.
Unter der Vorschau wird Ihnen der jeweilige Zeitstempel der Datei angezeigt.

❸ Sie können Version für Version in die Vergangenheit springen, indem Sie
eines der Fenster über dem Vorschaubild anklicken.

❹ Die Zeitleiste ermöglicht es Ihnen, gezielt zu einem bestimmten Datum zu
springen. Je älter die Datei ist, desto länger wird auch die Zeitleiste.

❺ *Wiederherstellen* stellt die gewählte Version wieder her. *Fertig* schließt das
Versionen-Fenster.

 Sie haben unter Umständen im Menü **Zurücksetzen auf** auch die Wahl zwischen
Zuletzt gesichert und **Zuletzt geöffnet** jeweils mit Angabe einer Uhrzeit. Wenn
dieser Zeitpunkt der gewünschten Version entspricht, können Sie sie auch direkt
auswählen.

Jetzt ist es aber höchste Zeit, die eingangs ausgewählte Vorlage an Ihre Bedürfnisse anzupassen.

Text formatieren

Um einen Text einzutragen oder zu bearbeiten, doppelklicken Sie in das (bereits vorhandene) betreffende Textfeld. Daraufhin können Sie lostippen und erhalten im Bereich rechts unter *Text* alle notwendigen Einstellungen, die die Schrift betreffen. Bei diesem Fenster rechts handelt es sich um den Bereich *Format*. Dazu zunächst noch ein paar ergänzende Informationen.

Das Format-Fenster

Bei diesem Fenster handelt es sich um ein Allroundtalent. Je nachdem, welches Element Sie im Hauptbereich in der Mitte ausgewählt haben, ändern sich rechts auch die Möglichkeiten. So bietet beispielsweise ein Textfeld teilweise andere Optionen an als eine Grafik. Sie erreichen das *Format*-Fenster auch, indem Sie auf *Darstellung –> Infofenster –> Format* klicken.

 Um Änderungen auf bestehende Texte anzuwenden, müssen Sie sie vorher mit der Maus oder der Tastatur markieren. Für Änderungen an neuem Text reicht es aus, wenn Sie vor dem Schreiben die entsprechende Auswahl treffen.

Zur Darstellung von Text gibt eine Vielzahl von Möglichkeiten,
die über die Schriftartwahl und eine Fettung oder Kursivierung hinausgehen.
Alle verfügbaren Möglichkeiten bietet das „Format"-Fenster.

Schriftart

An dieser Stelle wählen Sie die Schriftart und den Schriftstil aus. Auch die Schriftgröße wird hier eingestellt. Dass es Tasten für fett, kursiv und unterstrichen gibt, ist selbstverständlich. Allerdings wählt Apple hier die Symbole für die englischen Bezeichnungen; so ist fett in diesem Fall mit *B* für bold bezeichnet.

Das Zahnrad ermöglicht es, die Schrift noch viel genauer an Ihre Vorstellungen anzupassen.

Ausrichtung

Linksbündig, zentriert, rechtsbündig und Blocksatz – das ist hier ebenso möglich wie Einzug verringern, Einzug vergrößern und Text ausrichten.

Abstand

Alle Einstellungen zu den Abständen in Texten nehmen Sie hier vor.

Stil kopieren und Stil einsetzen

Möchten Sie dem einen Text exakt die Einstellungen zuweisen, die ein anderer Text hat, können Sie das mehr oder weniger elegant lösen. Sie können alle Einstellungen manuell so anpassen, dass am Ende beide Texte gleich aussehen. Je nach gewählten Optionen kann das eine Weile dauern und vielleicht erinnern Sie sich auch nicht mehr an alles, was Sie eingestellt haben. Das ist eindeutig die weniger elegante Lösung.

Viel schneller geht es so: Klicken Sie in den einen Text (den gut formatierten) und wählen Sie *Format –> Stil kopieren* (*alt + cmd + C*). Damit wird nicht der Text selbst, sondern es werden nur seine Eigenschaften kopiert. Klicken Sie dann in den Text, der so aussehen soll wie der erste, und wählen Sie *Format –> Stil einsetzen* (*alt + cmd + V*). Und schon sehen beide Texte gleich aus.

Aufzählungen erstellen

Möchten Sie eine Liste mit Aufzählungszeichen erstellen, klappen Sie den Bereich *Listen & Zeichen* auf. Dort finden Sie alle Werkzeuge, die Sie dafür benötigen. Neben *Textzeichen* und *Zahlen* lässt sich dort auch ein *Bild* auswählen, entweder aus den Vorgaben von Keynote oder ein eigenes Bild, das dann als Aufzählungszeichen dient.

Für Aufzählungszeichen bietet Keynote viele Möglichkeiten an.

An dieser Stelle erkennen Sie bereits, dass sich das Vorschaubildchen in der linken Spalte aktualisiert, sobald Sie Änderungen an der Folie vornehmen. So haben Sie immer genau im Blick, wie sich Ihre Präsentation entwickelt.

Neben dem *Stil* lässt sich im *Format*-Fenster auch das *Layout* ändern.

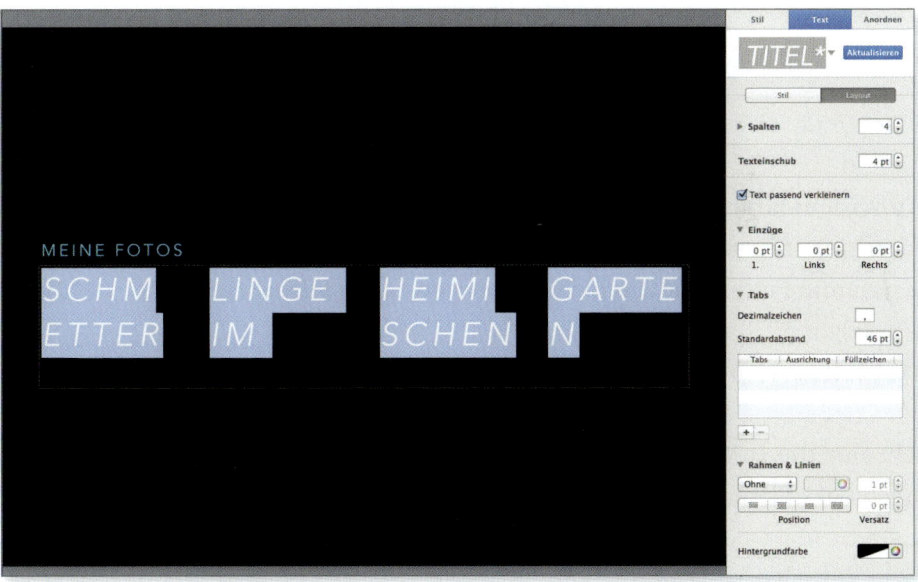

Die Optionen zum Layout des Textes. Auch hier gibt es viele Möglichkeiten, die Sie vielleicht bereits von Ihrer Textverarbeitung kennen.

Geben Sie an, aus wie vielen *Spalten* der Text bestehen soll. Zwar können Sie hier auch einen sehr hohen Wert wie 10 wählen. Das steht dann aber in keiner Relation mehr zum vorhandenen Platz. Um die Spalten selbst noch zu optimieren, klicken Sie auf das Dreieck davor. Geben Sie außerdem die Werte für einen gewünschten *Texteinschub* an. *Text passend verkleinern* sorgt dafür, dass der vorhandene Text auch dann noch zu lesen ist, wenn er normalerweise für das neue Layout zu groß wäre.

Wenn Sie nicht festlegen, dass Keynote den *Text passend verkleinern* soll, erhalten Sie bei zu viel Text ein Feld mit einem kleinen +.

Hier können Sie erkennen, dass es mehr Text gibt, als zunächst zu sehen ist.

Greifen Sie dann das +-Symbol und ziehen Sie es nach unten weg. Und schon sehen Sie den gesamten Text.

Jetzt ist der gesamte Text zu sehen.

Außerdem können Sie noch *Einzüge* angeben, *Tabs* einstellen und *Rahmen & Linien* hinzufügen. Die *Hintergrundfarbe* bezieht sich an dieser Stelle nicht auf die gesamte Folie, sondern lediglich auf das aktive Textfeld.

Textfelder anpassen

Nicht nur die Inhalte, auch der Stil eines Textfeldes bietet sehr viele Einstellungsmöglichkeiten. Tippen Sie dazu im Bereich der Textoptionen auf *Stil*.

 Wie an vielen Stellen in Keynote gibt es zunächst einfache Einstellungsmöglichkeiten. Um mehr machen zu können, klappen Sie die Optionen über die kleinen Dreiecke auf.

Die Optionen für Textfelder finden Sie im Bereich „Stil".

❶ Hier finden Sie die *Textfeldstile*. Klicken Sie auf eines der Felder, um die Änderungen in der Folie sehen zu können.

❷ Mit *Füllen* geben Sie dem Textfeld einen farbigen Hintergrund. Hier können Sie eine einfache *Füllfarbe*, einen *Verlauf* (auch mit erweiterten Möglichkeiten), ein *Bild* oder eine *Erweiterte Bildfüllung* auswählen. Bei der Wahl eines Verlaufs besteht hier natürlich auch die Möglichkeit, die Start- und Zielfarbe zu wählen, den *Winkel* (per Regler oder Eingabe) und ob sich der Verlauf von oben nach unten oder von links nach rechts erstreckt.

> **!** Das Füllen eines Textfeldes bewirkt augenscheinlich nichts, wenn Sie im Bereich **Text** eine Hintergrundfarbe gewählt haben.

❸ Was auch immer hübsch aussieht, sind *Rahmen*. Wählen Sie zunächst die Art des Rahmens aus (*Linie* oder *Bilderrahmen*) und verfeinern Sie dann darunter die Art des Rahmens noch weiter. Bei Linien wählen Sie die Art der Linie, die Farbe und die Linienstärke; beim Bilderrahmen die Art des Rahmens und die Größe (*Skalieren*).

❹ Bei der vierten Option geht es um die Zuweisung von *Schatten*. Ein Schatten gibt dem Textfeld noch mehr Tiefe. Legen Sie zunächst fest, ob es ein *Schlagschatten*, ein *Kontaktschatten* oder ein *Gebogener Schatten* werden soll. Die Einstellungen danach variieren dann geringfügig je nach gewählter Schattenart. Der *Versatz* gibt dabei an, wie weit der Schatten vom Text entfernt sein soll, und die *Deckkraft*, wie stark er zu sehen ist. Sie können zusätzlich noch eine *Perspektive* oder einen *Winkel* wählen und die Farbe festlegen. In Keynote dürfen Schatten auch farbig sein.

❺ Optisch sehr spektakulär sehen *Reflexionen* aus. Dabei wird das obere Element (also hier das Textfeld) noch ein Stück darunter gespiegelt. Probieren Sie es einfach aus, welcher Wert ein gutes Ergebnis bringt.

❻ Und zuletzt können Sie die Transparenz des Textfeldes über die *Deckkraft* steuern. Verschieben Sie den Regler nach links (oder reduzieren Sie den Wert im %-Feld), um Intensität herauszunehmen; Verschieben des Reglers nach rechts (mit einem höheren Wert) bringt wieder mehr Deckkraft ins Spiel.

Absatzformate

Eine Neuerung in Keynote sind vordefinierte Absatzformate. Auch das nimmt Ihnen viel Arbeit ab, weil Sie bereits viele vorgefertigte Formatierungen für unterschiedliche Texte vorfinden. Wie alle anderen Textoptionen finden Sie die Absatzformate im *Format*-Fenster eines Textfeldes im Bereich *Text* und dort unter *Stil*.

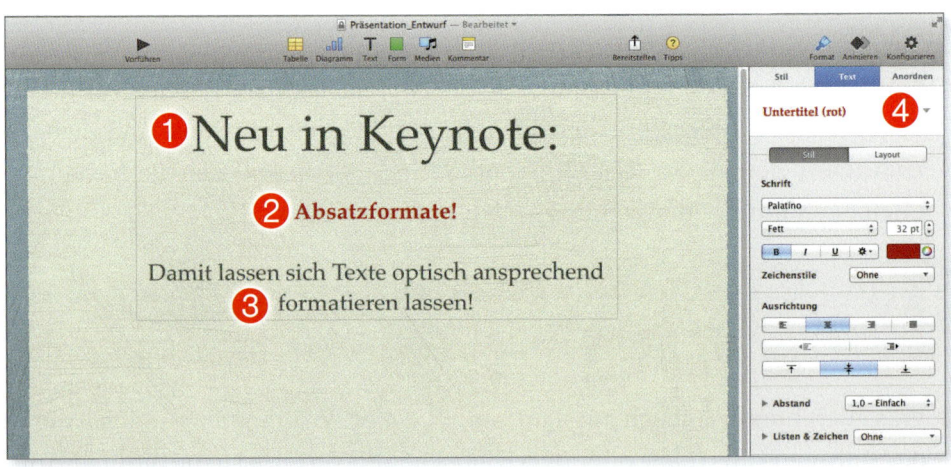

Dieses Textfeld besteht aus drei Absätzen, die jeweils unterschiedlich formatiert sind.

❶ Text im Absatzformat *Titel* formatiert. Dieses Format eignet sich gut für Überschriften.

❷ Das Format *Untertitel (rot)* kann verwendet werden, wenn der Absatz gleich ins Auge springen soll. Gerade Text in Signalfarben sollte aber in Maßen eingesetzt werden.

❸ *Untertitel* sind gut zu lesen. Auch aus etwas größerer Distanz.

 Wie Sie anhand unseres Beispiels sehen, lässt sich ein einzelnes Textfeld mit Absätzen verschiedener Formatierungen füllen. Es ist also nicht erforderlich, dass Sie pro Absatzformat ein eigenes Textfeld anlegen.

Es gibt aber natürlich noch mehr Absatzformate als die drei aus unserem Beispiel. Wenn Sie rechts auf das Auswahlmenü ❹ klicken, erhalten Sie alle vorhandenen Absatzformate zur Auswahl angezeigt.

Neben der Auflistung aller vorhandenen Absatzformate sehen Sie auch gleich eine kleine Vorschau.

Reihenfolge der Absatzformate ändern

Sie können die Reihenfolge der Absatzformate einfach dadurch ändern, dass Sie mit der Maus auf einen Eintrag klicken und ihn dann nach oben oder nach unten an die gewünschte Stelle verschieben. So können Sie die Liste ganz nach Ihren Wünschen anpassen.

Absatzformate anpassen

Ein Absatzformat ist nichts anderes als eine abgespeicherte Schablone für Text. In der Praxis sieht das so aus:

Zu jedem Absatzformat gehören Schriftart, Zeichenstile, Ausrichtung und Abstände.

Das Absatzformat *Titel* ist definiert als Schriftart *Palatino* im Schriftstil *Standard*. Die Schriftgröße ist *70* Punkt. Ausgerichtet wird ein solcher Absatz *zentriert* und der Text steht in der Mitte der Tabellenzelle. Der Abstand ist *1,0 – Einfach*. Außerdem ist noch wie bei jeder anderen Schrift die Farbe angegeben.

Beim *Untertitel rot* bleibt die Schriftart, sie ist nur fett dargestellt und mit *32* Punkt deutlich kleiner. Auch die Farbe ist anders angegeben.

Und so wie die Absatzformate andere Eigenschaften vorgegeben haben, so können Sie einzelne Eckdaten auch ändern. Wenn Sie aber beispielsweise *Untertitel (rot)* dadurch ändern, dass Sie zusätzlich *kursiv* auswählen, erhält der Name der Formatierung einen Stern. Das bedeutet, dass zwar diese Vorlage die Basis der Formatierung war, es aber Änderungen gegeben hat.

Der kleine Stern zeigt es an: Diese Vorlage wurde geändert.

 Wenn Sie nun noch einmal auf die ausgewählte Vorlage in der Liste mit der rechten Maustaste klicken, wird die Änderung zurückgenommen und der Absatz wieder so formatiert, wie es die Vorlage vorsieht.

Etwas anders als mit dem Sternchen verhält es sich, wenn Sie die Ausrichtung (linksbündig, zentriert, rechtsbündig oder Blocksatz) oder den Abstand ändern. Dann erhalten Sie durch die Änderung zwar auch ein Sternchen, zusätzlich gibt es aber die Schaltfläche *Aktualisieren*.

Ein Absatzformat lässt sich auch aktualisieren.

Wenn Sie nun auf diese Schaltfläche klicken, nehmen Sie die geänderten Formatierungen in die Vorlage auf. Dann wird künftig jeder Absatz mit dieser Vorlage ebenfalls mit den geänderten Eigenschaften formatiert.

Neue Absatzformate anlegen

Wenn Ihnen ein Absatzformat zwar grundsätzlich zusagt, Sie aber immer wieder kleinere Änderungen daran vornehmen, legen Sie am besten eine eigene Vorlage an. Stellen Sie dazu alle Änderungen ein (die Vorlage wird dann mit einem * markiert) und klicken Sie anschließend in der Liste aller Absatzformate auf das + rechts oben. Daraufhin legt Keynote ein neues Absatzformat an, das Sie im letzten Schritt auch noch benennen können.

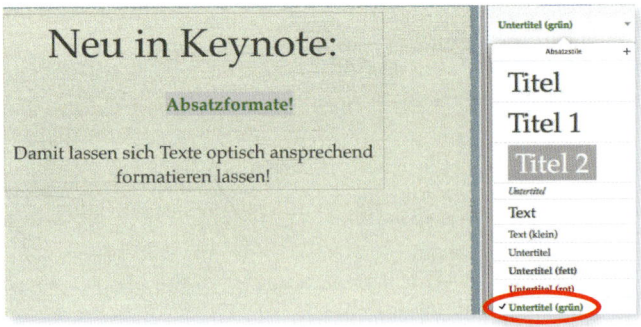

Der grüne Untertitel basiert auf dem roten und wurde als zusätzliches Format abgespeichert.

> **!** Der neue Absatzstil wird immer basierend auf dem gerade ausgewählten angelegt.

Elemente anordnen

In Keynote kommt es häufig vor, dass sich Elemente teilweise überdecken. So kann beispielsweise ein Bild teilweise von einem Textfeld verdeckt werden oder umgekehrt. Dann ist es aber unbedingt erforderlich, dass man die Möglichkeit hat festzulegen, welches Element sich auf welcher Ebene befindet. Schließlich soll in gewissen Fällen das Bild oben liegen, in anderen der Text. Und das legen Sie im Bereich *Anordnen* fest.

Wie Elemente angeordnet werden (auch zueinander), regeln Sie in diesem Fenster.

❶ Bei sich überlagernden Elementen legen Sie erst einmal fest, ob das gerade aktive Element vorn (*Vorne*) oder hinten (*Zurück*) sein soll. Das *Ausrichten*-Menü erlaubt es außerdem, das Bild oder das Textfeld links- oder rechtsbündig oder in der Mitte anzuordnen. Das geht auch mit oben und unten und Kombinationen aus diesen Möglichkeiten, beispielsweise *Mitte* und *Unten*.

Links ist zu sehen, dass das Bild hinten und der Kasten vorn ist. Im rechten Beispiel wurde die Anordnung getauscht.

❷ Im Bereich *Größe* geben Sie an, welche Ausmaße das Element haben soll. Das können Sie zwar auch frei mit der Maus bestimmen (dazu gleich mehr), aber an dieser Stelle geht es auf das Pixel genau. Geben Sie die Werte für die *Breite* und die *Höhe* an und ob *Proportionen beibehalten* werden sollen. Das verhindert, dass ein Bild verzerrt wird, weil es nur höher und nicht breiter gemacht wird. Bei Bildern haben Sie zusätzlich die Möglichkeit, wieder zur *Originalgröße* zu wechseln.

❸ Per *Position* legen Sie fest, wo sich das Element auf der Folie befinden soll. Unser Beispiel von 0 (*X*) und 0 (*Y*) bedeutet: Das Bild ist genau am linken oberen Rand platziert.

❹ Mit *Drehen* ändern Sie die Ausrichtung des Elements. Exemplarisch wenden wir das an den Elementen Titel, Text und einem Foto an.

Die einzelnen Elemente lassen sich unabhängig voneinander drehen.

Hier können Sie das Element auch horizontal oder vertikal *Spiegeln*.

 Sie können sich für das Anordnen von Elementen ein extra Fenster anzeigen lassen. Dann haben Sie diese Funktionen immer im Zugriff, auch wenn Sie im Bereich **Format** ein anderes Menü aktiviert haben. Klicken Sie dazu auf **Darstellung –> Werkzeuge zum Anordnen anzeigen**.

Elemente schützen oder gruppieren

 Möchten Sie eine künftige Änderung eines Objekts verhindern, tippen Sie auf **Schützen**. Solange Sie dann nicht **Schutz aufheben** anklicken, sind keine Änderungen mehr möglich. Die Ecken des geschützten Elements werden mit einem grauen x markiert und die Optionen sind nicht mehr verfügbar.

Die grauen x-Markierungen am Objekt zeigen ein geschütztes Element. Änderungen sind dann nicht mehr möglich.

Wenn Sie mehrere Elemente markiert haben, können Sie sie auch *Gruppieren*. Dann werden alle Elemente dieser Gruppe einheitlich behandelt, wenn Sie Änderungen daran vornehmen. Verschieben Sie dann beispielsweise das eine Bild, bewegt sich das andere analog dazu mit. Möchten Sie beide Elemente wieder einzeln ändern können, klicken Sie auf *Keine Gruppe*.

Diese drei Bilder wurden gruppiert und werden demnach künftig von Keynote als ein Element behandelt.

Anordnen per Mausklick

Viele der Befehle aus dem Bereich *Anordnen* bekommen Sie auch, indem Sie mit der rechten Maustaste auf das Element klicken. Dann können Sie Optionen wie *Ganz nach vorne bringen*, *Ganz nach hinten stellen* auswählen oder *Objekte ausrichten* und *Objekte verteilen*. Und Sie bekommen ebenfalls Zugriff auf Befehle, die die Zwischenablage betreffen (*Ausschneiden*, *Kopieren*, *Einsetzen*) und das *Duplizieren* von Elementen.

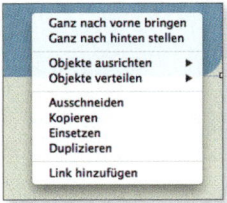

Der Rechtsklick auf ein Element (oder mehrere) bringt Ihnen ebenfalls viele Möglichkeiten.

 Auch im Menü **Anordnen** finden Sie viele der besprochenen Optionen.

Elemente manuell verschieben, vergrößern oder verkleinern

Sie haben im vorherigen Abschnitt gesehen, wie Sie Elemente wie Textfelder oder Bilder über das *Anordnen*-Menü verschieben oder die Größe ändern können. Das können Sie aber auch frei mit der Maus machen. Ein Beispiel:

Sie können ein Textfeld einfach mit der Maus greifen und es innerhalb der Folie verschieben. Hilfslinien zeigen Ihnen an, wenn Sie sich horizontal oder vertikal mittig befinden. Außerdem bekommen Sie immer x- und y-Koordinaten angezeigt. Das hilft dabei, mehrere Objekte zueinander auszurichten.

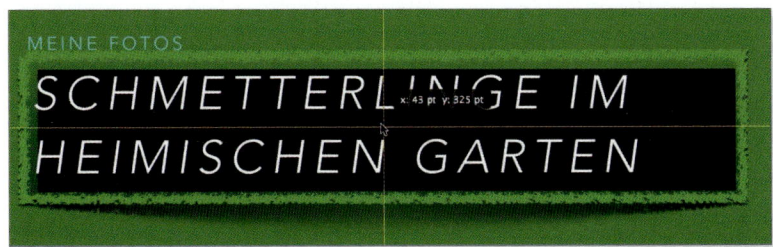

Beim Verschieben von Elementen, beispielsweise eines Textfeldes, werden die Koordinaten angezeigt. Außerdem signalisieren Hilfslinien eine mittige Ausrichtung.

Haben Sie ein Textfeld markiert, gibt es in den Ecken und an den Seiten kleine weiße Quadrate, die Sie greifen und verschieben können. So vergrößern oder verkleinern Sie ein Textfeld, ziehen es in die Breite oder in die Höhe (oder umgekehrt natürlich). Auch hier helfen Koordinaten beim Festlegen der optimalen Größe.

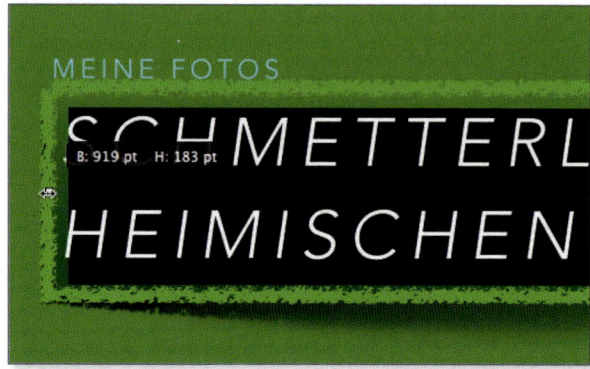

Verschieben Sie die weißen Markierungen, bis Sie die passende Größe gefunden haben.

Elemente gemeinsam bearbeiten

Sie können mehrere Elemente wie Textfelder, Formen oder Bilder auch gemeinsam bearbeiten. Markieren Sie mehrere Elemente, indem Sie sie mit gedrückter *cmd*-Taste anklicken. Wenn Sie dann im *Format*-Fenster Änderungen vornehmen, werden diese auf alle markierten Elemente angewendet.

Folienlayout anpassen

 Um die Eigenschaften der Folie selbst zu ändern, klicken Sie im Hauptbereich von Keynote auf eine leere Stelle, an der sich keine anderen Elemente wie Bilder oder Texte befinden. So wechselt das **Format**-Fenster zu den Eigenschaften der Folie.

Ganz oben im Bereich *Folienlayout* wird Ihnen die Art der aktuellen Folie angezeigt. Bei der Auswahl eines Themas erhalten Sie zu Beginn immer die Folie der Art *Titel & Untertitel*. Sie eignet sich häufig sehr gut als erste Folie. Sie können das aber auf Wunsch auch ändern und eine andere Folie aus dem gewählten Vorlagenpaket aussuchen.

Suchen Sie sich aus den Folien der Vorlage die passende Seite aus. Die gerade gewählte Folie wird durch ein Häkchen markiert.

Auch der *Hintergrund* einer Folie lässt sich anpassen. Klicken Sie auf das Farbfeld, um die Auswahlmöglichkeiten zu sehen. Oder klicken Sie auf das kleine Dreieck, um weitere Optionen aufzuklappen.

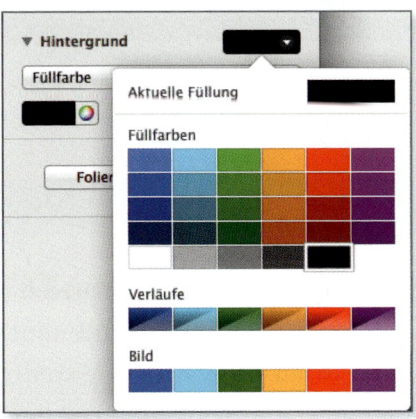

Nicht nur die Farbe des Hintergrunds lässt sich festlegen. Es sind auch Verläufe oder Bilder für den Hintergrund möglich.

Wünschen Sie eine *Füllfarbe*, einen *Verlauf* oder einen erweiterten Verlauf, geben Sie die passenden Farben an. Bei einem erweiterten Verlauf können Sie zusätzlich beispielsweise zwischen einem radialen und einem linearen Verlauf wählen.

Wenn Sie ein *Bild* mit einem Klick auf *Auswählen ...* einbinden, geben Sie zunächst an, wo es sich auf Ihrem Rechner befindet und wie Sie es dargestellt haben möchten. Die Optionen sind *Originalgröße*, *Dehnen*, *Gekachelt* oder *Formatfüllend*. *Skalieren* ermöglicht es Ihnen zusätzlich, das Bild größer oder kleiner darzustellen. Machen Sie das entweder über den Schieberegler oder den Prozentwert rechts daneben. Die *Erweiterte Bildfüllung* unterscheidet sich dahingehend, dass Sie zusätzlich zum Bild noch eine Einfärbung auswählen können.

Wenn Sie möchten, lassen sich die Vorlagen auch an Ihre eigenen Wünsche anpassen. Klicken Sie dazu auf *Folienvorlage bearbeiten*.

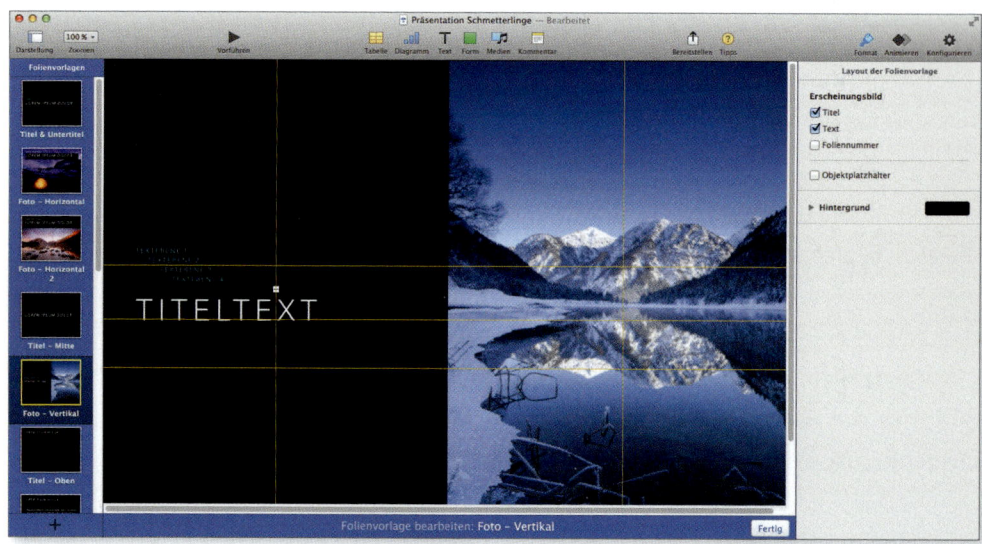

Vorlagen lassen sich auch bearbeiten. Beachten Sie aber, dass eine Änderung der Vorlage auch Auswirkungen auf bereits bestehende Folien haben kann.

Die Symbolleiste von Keynote

Bis zu dieser Stelle haben wir uns dem Hauptbereich von Keynote gewidmet. Dort werden vorhandene Inhalte angepasst und neue Elemente finden nach dem Einfügen ebenfalls hier ihren Platz. Aber wie kommen neue Inhalte in Ihre Folien, wie passen Sie sie an? Diese Aufgaben und noch mehr übernimmt die Symbolleiste. Sie befindet sich über dem Hauptbereich von Keynote und hat für so gut wie alle Inhaltstypen ab Werk die passenden Schaltflächen.

 Sofern weiter erklärungsbedürftig werden wir Ihnen alle Funktionen der Symbolleiste im weiteren Verlauf dieses Buches noch erklären. Aber an dieser Stelle erfahren Sie schon einmal, wo sich die Schalter dafür befinden.

Die Symbolleiste ermöglicht den schnellen Zugriff auf wichtige Funktionen in Keynote.

❶ Im Bereich links geht es um die Darstellung. Per *Vorführen* starten Sie Ihre Präsentation. Die *Zoomen*-Auswahl zeigt die Inhalte auf Wunsch größer oder kleiner an. Wenn Sie auf *Darstellen* klicken, erhalten Sie eine Vielzahl von Möglichkeiten, was die optische Anmutung angeht.

Viele Optionen zur Darstellung finden Sie über die gleichnamige Schaltfläche.

Im oberen Bereich ändern Sie die Ausrichtung Ihrer Folien – je nachdem, ob Sie den zu Beginn aktiven *Navigator* wählen oder *Nur Folie*, *Leuchttisch* oder *Gliederung*. Jede dieser Optionen hat ihre eigenen Vorteile. Der *Leuchttisch* beispielsweise zeigt Ihnen alle Ihre Folien in einer praktischen Übersicht an. Gleich darunter haben Sie die Möglichkeit, die Vorlagen aus den Themen zu bearbeiten. Darauf gehen wir später noch einmal gesondert ein. Aber nun wissen Sie bereits, wie Sie dorthin gelangen.

Und im dritten Abschnitt gibt es ebenfalls sehr praktische Tools, mit denen Sie Text suchen und ersetzen können; Sie finden hier ein Lineal (geht auch mit *cmd + R*) und können Kommentare und Moderatornotizen ein- oder ausblenden. Auch diese praktischen Funktionen erklären wir Ihnen später noch genauer.

Das Lineal hilft beim präzisen Ausrichten von Elementen. Im Lineal werden die derzeitigen Positionen vom Anfang, der Mitte und vom Ende des Elements angezeigt (rote Markierungen).

 Die Lineale haben in den Einstellungen von Keynote einen eigenen Bereich. Sie erreichen die Einstellungen entweder über **Keynote –> Einstellungen …** oder mit **cmd + ,** (Komma).

❷ Im mittleren Bereich der Symbolleiste fügen Sie neue Inhalte hinzu. Je nach Typ finden Sie hier die Schaltflächen für *Tabelle*, *Diagramm*, *Text*, *Form*, *Medien* und *Kommentar*.

❸ Um eine Präsentation bereitstellen zu können, gibt es hier den dazugehörigen Button. Und auch *Tipps* zu Keynote lassen sich hier ein- und wieder ausblenden.

Keynote zeigt auf Wunsch auch nützliche Tipps an.

❹ Der rechte Bereich der Symbolleiste ist mit einer der wichtigsten. Mit *Format* passen Sie Elemente an Ihre Wünsche an. *Animieren* hilft dabei, spektakuläre Effekte einzubauen und mit *Konfigurieren* stellen Sie die Eigenschaften der Präsentation ein.

Symbolleiste ein- und ausblenden

Wenn Sie die Symbolleiste nicht brauchen und den Platz lieber anderweitig nutzen möchten, blenden Sie die Leiste einfach aus. Das geht entweder über *Darstellung –> Symbolleiste ausblenden* oder mit *alt + cmd + T*. Über diese Tastenkombination bekommen Sie sie auch wieder zurück oder Sie klicken auf *Darstellung
–> Symbolleiste einblenden*.

Symbolleiste anpassen

Die Symbolleiste ist so, wie Sie sie zu Beginn vorfinden, schon sehr praktisch
und reicht in vielen Fällen aus. Wenn Sie aber einmal das Bedürfnis haben
sollten, die Leiste anzupassen, ist das problemlos möglich. Klicken Sie dazu auf
Darstellung –> Symbolleiste anpassen ...

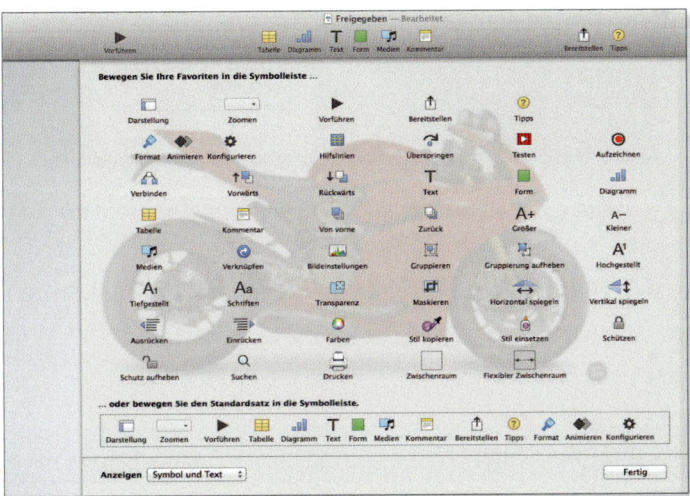

Die Symbolleiste von Keynote kann an persönliche Vorlieben angepasst werden.

Das Anpassen ist ganz einfach: Jedes Element, das Sie nicht benötigen, ziehen
Sie aus der Leiste nach unten und lassen es fallen. Neue Elemente, die Sie der
Leiste hinzufügen möchten, ziehen Sie nach oben an die gewünschte Stelle in
der Leiste.

So fügen Sie beispielsweise die Bildeinstellungen der Symbolleiste hinzu.

Wenn Sie aus irgendeinem Grund wieder die Standardsymbolleiste haben möchten, müssen Sie sie nicht manuell aus dem Gedächtnis wiederherstellen. Im unteren Bereich wird Ihnen die Ur-Leiste angeboten und Sie können Sie komplett nach oben ziehen.

Bei *Anzeigen* haben Sie dann noch die Wahl zwischen *Symbol* und *Symbol und Text*. Die erste Option benötigt etwas weniger Platz, ist aber auch nicht ganz so informativ. Aber wenn Sie die Symbole bereits kennen, ist es eine Möglichkeit. Mit *Fertig* oder der *esc*-Taste schließen Sie das Fenster wieder.

Alle Optionen für das Ein- und Ausblenden der Symbolleiste und deren Anpassung erreichen Sie übrigen auch, indem Sie mit der rechten Maustaste auf die Symbolleiste klicken. Haben Sie keine rechte Maustaste, halten Sie beim Klicken die **ctrl**-Taste gedrückt.

Auch per Rechtsklick kommen Sie an die Optionen zum Anpassen der Symbolleiste.

Jetzt, da Sie sich mit der Symbolleiste bestens auskennen, können Sie sie auch gleich nutzen.

Neue Textfelder einfügen

Bisher haben wir lediglich vorhandene Textfelder geändert. Selbstverständlich haben Sie aber auch die Möglichkeit, neue Textfelder zu erstellen und diese mit Ihren persönlichen Inhalten zu füllen.

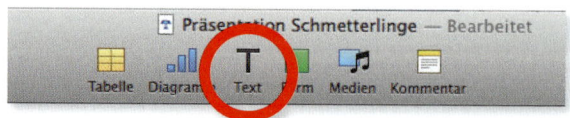

In der Symbolleiste oben gibt es unter anderem den Schalter „Text", über den Sie ein neues Textfeld erstellen.

Wenn Sie in der Symbolleiste auf *Text* klicken, erscheint darunter ein Fenster mit den verschiedenen Textformatierungen, die zur Verfügung stehen. Dort ist der Text bereits in Schriftstil und Farbe vorformatiert. Sie können das zwar alles später noch einmal über das *Format*-Fenster ändern, aber es ist durchaus sinnvoll, ein Textfeld zu wählen, das schon in die richtige Richtung geht.

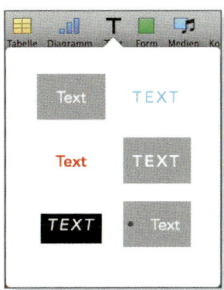

Schon beim Erstellen eines Textfeldes können Sie grob einen Stil wählen.

Sobald Sie eine Auswahl getroffen haben, wird das Textfeld eingefügt. Sie können es nun auch sofort anpassen, wie Sie es bereits kennengelernt haben (Stichwort: *Format*-Fenster).

Fotos, Icons und Multimedia-Inhalte in Folien einfügen

Beim Anordnen von Inhalten haben wir neben Textfeldern bereits mit einem Foto gearbeitet. Nun möchten wir Ihnen zeigen, wie Sie bestehende Inhalte in Ihre Präsentationen einbauen.

Medienbrowser

Ein sehr einfacher Weg – ganz Apple-like – ist der über den Medienbrowser. Klicken Sie dazu in der Symbolleiste auf *Medien*.

Der Medienbrowser hilft beim Einfügen von Fotos, Musik und Videos.

Wenn Sie darauf klicken, erhalten Sie sofort Zugriff auf die Medien auf Ihrem Rechner.

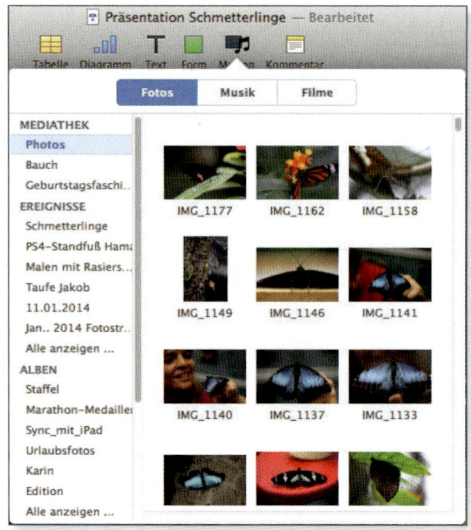

Der Medienbrowser erlaubt den Zugriff auf Dateien aus iPhoto und iTunes.

Im Bereich *Fotos* finden Sie die Bilder, die Sie in iPhoto organisiert haben. Sie sind in der Spalte links so angeordnet, wie Sie es von iPhoto gewohnt sind. *Musik* ermöglicht den Zugriff auf Ihre iTunes-Mediathek. Unter *Filme* finden Sie all Ihre Videoclips – ebenfalls aus iPhoto. Um beispielsweise ein Foto einzufügen, klicken Sie auf das betreffende Foto.

Das ausgewählte Foto wird in die Folie eingefügt.

Medien per Drag and Drop hinzufügen

Und was in OS X-Programmen so gut wie immer geht: Drag and Drop. Greifen Sie beispielsweise ein Foto vom Desktop und ziehen Sie es einfach in die Folie

Ihrer Präsentation. Sobald Sie die Datei dann „fallen lassen", wird sie eingefügt und kann in Keynote angepasst werden.

Auch per Drag and Drop lassen sich Medien einfügen.

Nach dem Einfügen von Fotos oder Videos erhalten Sie sofort im Bereich rechts die verfügbaren Bearbeitungsmöglichkeiten. Besonders hübsche Effekte bieten die verfügbaren Bilderstile an.

Ein Bilderstil in Kombination mit einer Reflexion ergibt einen hübschen dreidimensionalen Effekt für das Foto.

Natürlich können Sie das Foto oder Video auch gleich über die Marker an den Ecken und Seiten in der Größe ändern.

Und auch beim Einfügen von Musik oder Videos bekommen Sie gleich die entsprechenden Bearbeitungsfunktionen angezeigt.

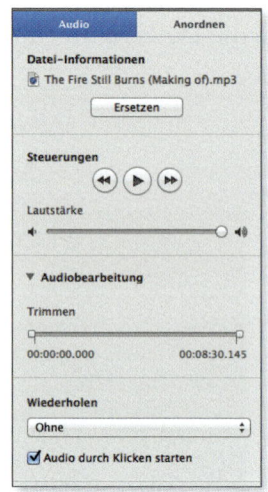

Auch ein kleiner Audioeditor ist in Keynote verfügbar.

Hier lässt sich die Wiedergabe steuern und Beginn und Ende des Musikstücks trimmen. Die Änderungen können Sie dann auch direkt in der Folie anzeigen lassen.

Um eine Audiodatei abzuspielen, klicken Sie auf das Wiedergabesymbol. Stoppen Sie die Wiedergabe über die Pausetaste.

Bei Videos sieht es dann entsprechend so aus:

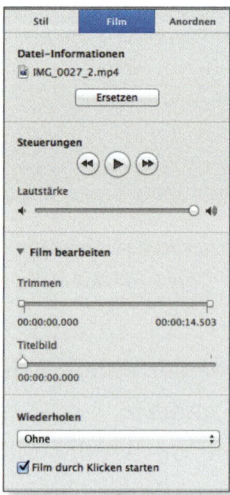

Die Bearbeitung von Videos in Keynote.

Möchten Sie die Änderungen überprüfen, starten Sie das Video zum Test direkt in der Folie.

Möchten Sie das Video testen, klicken Sie auf das Wiedergabesymbol. Um die Wiedergabe zu stoppen, klicken Sie einfach in das Video.

 Sie sollten die Funktion **Titelbild** einsetzen, damit Sie aus Ihrem Film ein schönes Startbild auswählen können.

Bildbearbeitung in Keynote

Eingefügte Bilder, die für den Einsatz noch nicht perfekt vorbereitet sind, lassen sich auch in Keynote selbst noch bearbeiten. Dazu gibt es das Fenster *Bildeinstellungen*, das Sie über *Darstellung –> Bildeinstellungen einblenden* aufrufen.

Die Bildeinstellungen in Keynote sind sehr umfangreich und bieten auch ein Histogramm an.

Hier können Sie nun ganz nach Belieben die Werte des Bildes anpassen und optimieren. Sie haben dazu eine Vielzahl von Werkzeugen zur Verfügung: *Belichtung*, *Kontrast*, *Sättigung*, *Lichter*, *Schatten*, *Schärfe*, *Rauschen reduzieren*, *Temperatur* und *Farbton*.

Verbessern korrigiert die Farbeinstellungen automatisch. *Zurücksetzen* macht die Änderungen wieder rückgängig.

 Wenn Sie die Bildeinstellungen sehr häufig brauchen, können Sie sie auch in die Symbolleiste packen. Wie das geht, erfahren Sie im Abschnitt „Die Symbolleiste anpassen".

Bilder maskieren und skalieren

Möchten Sie ein Bild maskieren oder skalieren, doppelklicken Sie zunächst darauf.

Bedienelemente zum Skalieren und Maskieren von Bildern.

❶ Das Bild skalieren Sie über den Schieberegler.

❷ Um das Bild auszuwählen, klicken Sie hier. Danach können Sie es über die Marker an den Ecken und Seiten des Bildes vergrößern und verkleinern.

 Auch hier greift die Einstellung **Proportionen beibehalten** aus dem **Format**-Fenster. Wenn diese Option also aktiviert ist, können Sie das Bild nicht stauchen, sondern nur vergrößern oder verkleinern.

Möchten Sie ein Bild stauchen, müssen Sie zunächst dieses Häkchen entfernen.

❸ Die Bildmaske aktivieren Sie über diese Schaltfläche.
Mit *Fertig* beenden Sie die Bearbeitung.

 Sie können ein Bild auch mit einer Form maskieren. Klicken Sie dazu auf **Format –> Bild –> Mit Form maskieren** und wählen Sie dann die gewünschte Form. So machen Sie aus dem ehemals rechteckigen Bild beispielsweise einen Stern.

Ein als Stern maskiertes Foto von einer Flagge.

Farben transparent machen

Sie haben außerdem die Möglichkeit, bestimmte Farben in einem Bild transparent zu machen. Sie rufen die Funktion über *Format –> Bild –> Transparenz* auf.

Rufen Sie die Transparenzfunktion auf und klicken Sie auf die unerwünschte Farbe.

 Wenn Sie mit der Maus eine Linie ziehen, werden ähnliche Farben in der Nähe mit in die Auswahl aufgenommen.

Markieren Sie dann die Farbe und Keynote zeigt Ihnen gleich an, was die Transparenz aktuell bewirken würde.

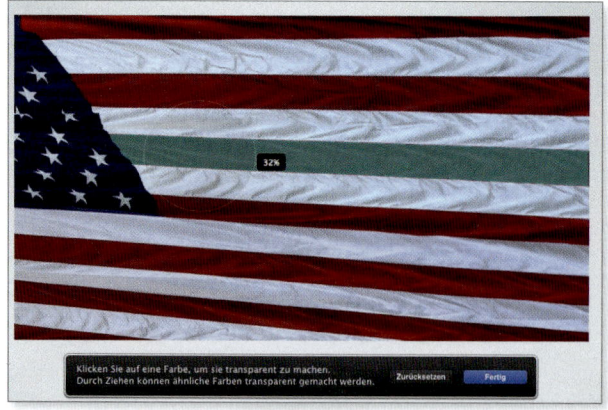

Legen Sie die Transparenz fest und klicken Sie auf „Fertig".

Und schon entfernt Keynote mehr oder weniger gut die ausgewählte Farbe.

Der ausgewählte Farbstreifen ist weg.

Rückgängig machen Sie das Ganze durch *Format –> Bild –> Transparenz entfernen*.

 Die Transparenzfunktion eignet sich besonders zum Freistellen von Bildern. Sofern sich der Hintergrund des Bildes ausreichend vom Motiv absetzt, können Sie so den Hintergrund unsichtbar machen.

Tabellen und Diagramme

Keynote unterstützt auch die Erstellung und Anpassung von Tabellen. Und so einfach, wie Sie Textfelder und Medien in Ihre Folien einfügen, so leicht kommen auch Tabellen hinein.

Tabellen einfügen

Klicken Sie dazu zunächst in der Symbolleiste auf *Tabelle*, um die Art der Tabelle auswählen zu können.

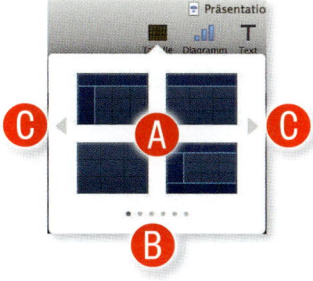

Wählen Sie zunächst eine Tabellenart aus.

Ⓐ Im Hauptbereich sehen Sie die zur Verfügung stehenden Layouts der Tabellen. Wenn Ihnen eine Aufmachung gefällt, tippen Sie darauf.

Ⓑ Die Punkte darunter zeigen an, dass es mehr als nur die gerade sichtbare Seite mit Auswahlmöglichkeiten gibt. Jeder Punkt steht dabei für eine weitere Seite.

Ⓒ Sie erreichen die jeweils nächste Seite (oder die davor) über die beiden Pfeile.

Sobald Sie sich eine Tabelle ausgesucht und darauf geklickt haben, wird sie eingefügt.

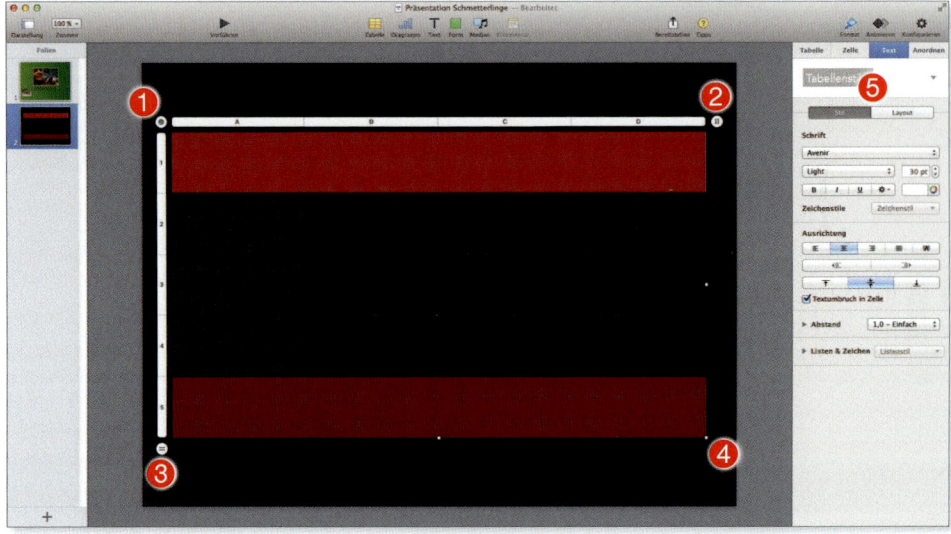

Zu Beginn ist die Tabelle nicht sonderlich aussagekräftig und muss natürlich noch angepasst werden.

Tabellen anpassen

❶ Ganz wichtig ist der Button links oben. Darüber markieren Sie die Tabelle als Ganzes. Das ist beispielsweise dann sinnvoll, wenn Sie die Tabelle löschen, verschieben oder in der Größe ändern möchten.

❷ Über diese Schaltfläche fügen Sie neue Spalten hinzu oder löschen vorhandene.

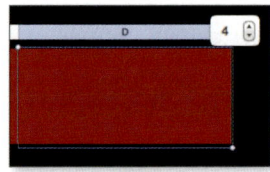

Geben Sie die Anzahl der Spalten an und Keynote ändert die Tabelle entsprechend ab.

❸ Hier legen Sie fest, aus wie vielen Zeilen die Tabelle bestehen soll.

❹ Über die Greifer (die es außer an der Ecke auch an der Seite gibt) ändern Sie die Größe der Tabelle.

❺ Und natürlich gibt es auch den bereits bekannten *Format*-Bereich, der eine Vielzahl von Konfigurationsmöglichkeiten in Bezug auf die Tabelle bietet.

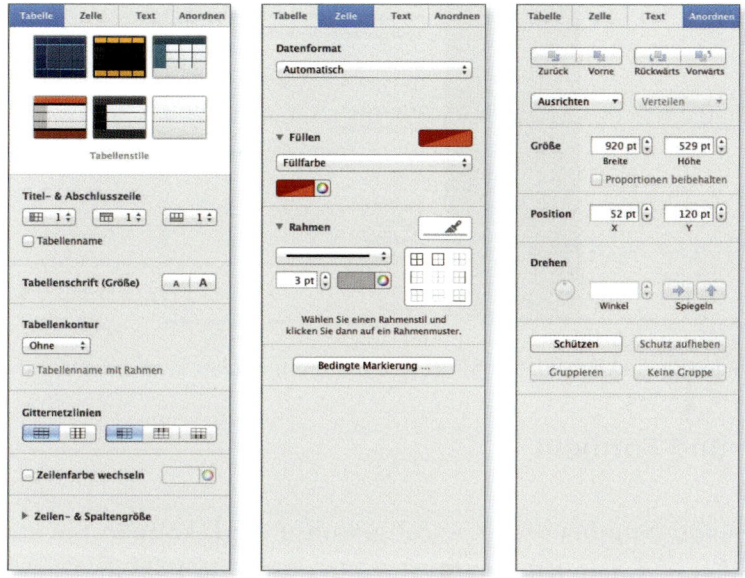

Neben den Formatierungsmöglichkeiten für den Text gibt es noch entsprechende Möglichkeiten für die Tabelle selbst, die Zellen und die Anordnung.

Wenn die Tabelle Ihren Ansprüchen genügt, können Sie sie noch mit den entsprechenden Informationen füllen. Das könnte dann in etwa so aussehen:

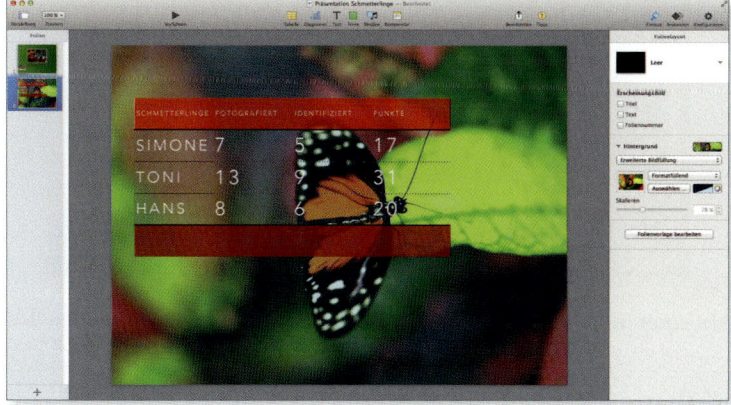

In diesem Fall hat die Folie eine „Erweiterte Bildfüllung" als Hintergrund bekommen, die Tabelle wurde verkleinert und mit Daten gefüllt.

Auch über einen Rechtsklick in die Tabelle bekommen Sie hilfreiche Optionen. So lassen sich beispielsweise schnell und einfach neue Spalten und Zeilen einfügen oder bestehende löschen.

Auch der Rechtsklick mit der Maus ist ein umfangreiches Werkzeug in Tabellen.

Tabellen und Formeln

Wie Sie es von Numbers oder Excel gewohnt sind, können Sie auch in Keynote-Tabellen rechnen. Klicken Sie dazu in ein leeres Feld und starten Sie die Berechnung mit einem „=". Daraufhin können Sie entweder direkt eine Formel eintippen oder mit der Maus andere Felder markieren und so mit deren Inhalten arbeiten.

Mit einer Tabelle in Keynote können Sie auch Berechnungen anstellen.

Sie haben aber auch noch die Möglichkeit, mit weiteren Formeln (Summe, Mittelwert etc.) zu arbeiten, die Sie von Numbers/Excel kennen. Sind Ihnen die benötigten Formeln bekannt, tippen Sie sie einfach ein. Wenn nicht, beginnen

Sie mit einem „=" und wählen dann aus den in der rechten Seitenleiste angezeigten Vorschlägen die relevanten Formeln aus.

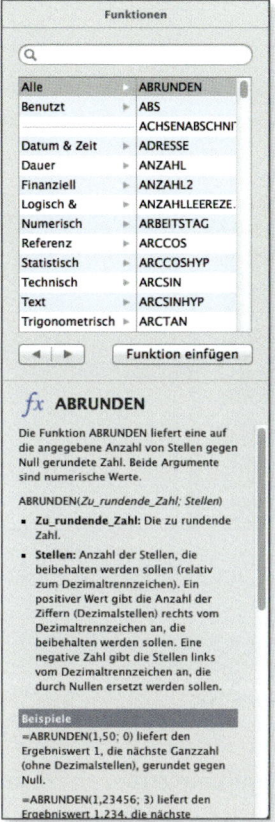

Keynote kann mehr als nur Addieren und Subtrahieren und liefert auch gleich die passenden Erklärungen mit.

 Sie können auch Formeln von einer Zelle in eine andere kopieren. Markieren Sie dazu eine Zelle, die eine Formel enthält, und kopieren Sie deren Inhalt mit **cmd + C**. Wechseln Sie dann zum leeren Feld und fügen Sie die Formel mit **cmd + V** ein. Das geht natürlich auch über **Bearbeiten –> Kopieren und Bearbeiten –> Einsetzen**.

Tabellen aus Excel und Numbers verwenden

Sie können ganz einfach eine bestehende Tabelle aus Excel oder Numbers in Ihre Keynote-Präsentation importieren. Am besten markieren Sie die zu importierenden Inhalte in Excel bzw. Numbers und kopieren alles mit *cmd + C* in die

Zwischenablage. Danach wechseln Sie in Keynote zur gewünschten Folie und fügen die Tabelle mit *cmd + V* wieder ein. Und das Beste daran: Auf diesem Wege sind die einzelnen Felder danach auch weiterhin zu editieren.

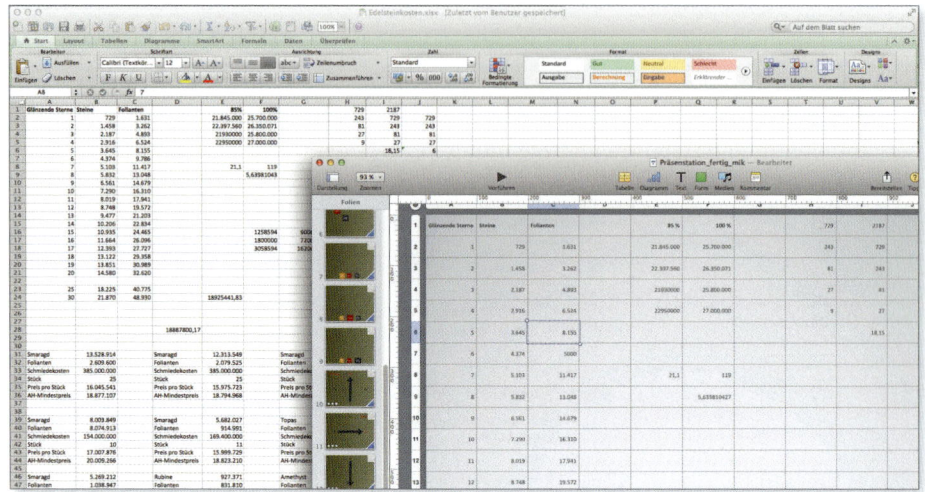

Auch Inhalte aus Excel und Numbers lassen sich einfach importieren.

Diagramme einfügen

Eine schöne Möglichkeit, Zahlen aufzubereiten, sind Diagramme. Möchten Sie in Keynote mit Diagrammen arbeiten, ist es nicht erforderlich, dass Sie das Ganze erst in einer Tabellenkalkulation vorbereiten und dann in Keynote einfügen. Keynote unterstützt diese Funktion direkt.

Um ein Diagramm einzufügen, klicken Sie in der Symbolleiste auf *Diagramm* und wählen die gewünschte Art aus.

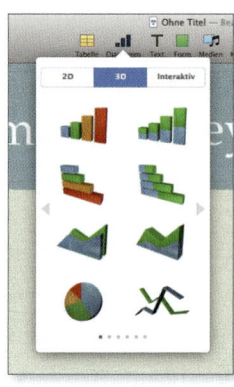

Keynote bietet eine Vielzahl von unterschiedlichen Diagrammen.

Sie haben zunächst die Wahl zwischen Diagrammen aus den Rubriken *2D*, *3D* und *Interaktiv*. Während die ersten beiden Rubriken lediglich die optische Anmutung der Diagramme festlegen, können Sie unter *Interaktiv* beispielsweise sich bewegende Balken erstellen.

> **!** Die Pfeile links und rechts neben den Vorschaubildchen der Diagramme und die Punkte darunter zeigen Ihnen, dass es auch hier mehr Auswahlmöglichkeiten gibt, als auf eine Seite passen. Klicken Sie auf die Pfeile rechts und links, um zu weiteren Seiten zu gelangen.

Wir wählen als Beispiel ein interaktives horizontales Balkendiagramm aus. Sobald Sie auf eines der Diagramme klicken, wird es eingefügt.

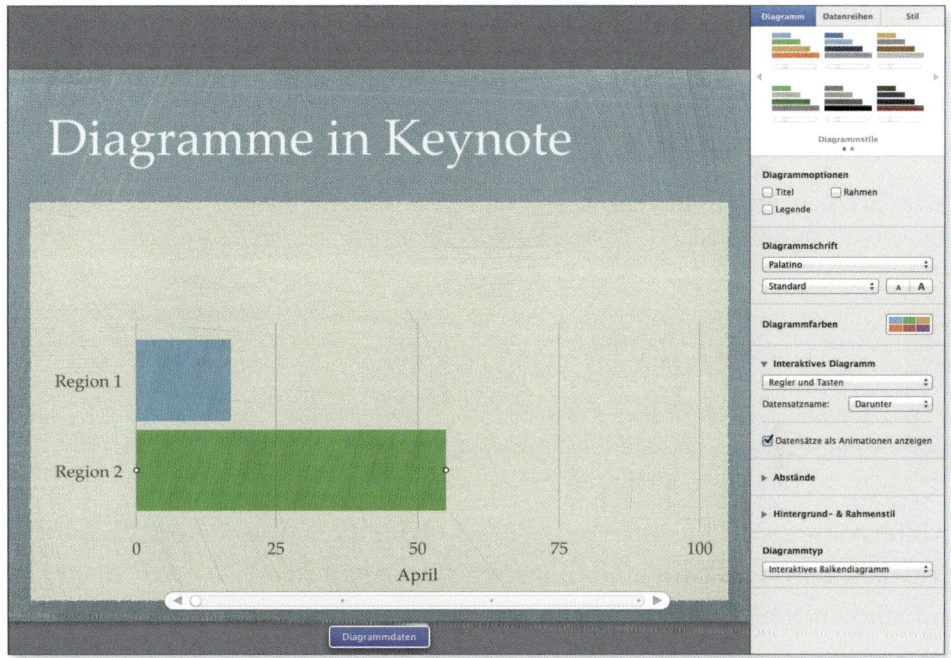

Das Diagramm wurde eingefügt und kann angepasst werden.

> **!** Ein interaktives Diagramm erkennen Sie auf den ersten Blick daran, dass es unter dem Diagramm eine Art Schieberegler gibt, der die einzelnen Stufen anzeigt.

Im rechten Bereich sehen Sie, dass es wie bei all den anderen Elementen auch bei Diagrammen ein angepasstes *Format*-Fenster gibt. Im Bereich *Diagramm* legen Sie fest, wie das Diagramm aussehen soll. Möchten Sie beispielsweise *Titel* und *Legende* hinzufügen, setzen Sie ein Häkchen vor die gewünschte Option und bearbeiten die Texte im Anschluss. Ganz besonders effektreiche Diagramme erstellen Sie, wenn Sie bei den *Diagrammfarben* eine der *Texturen* auswählen.

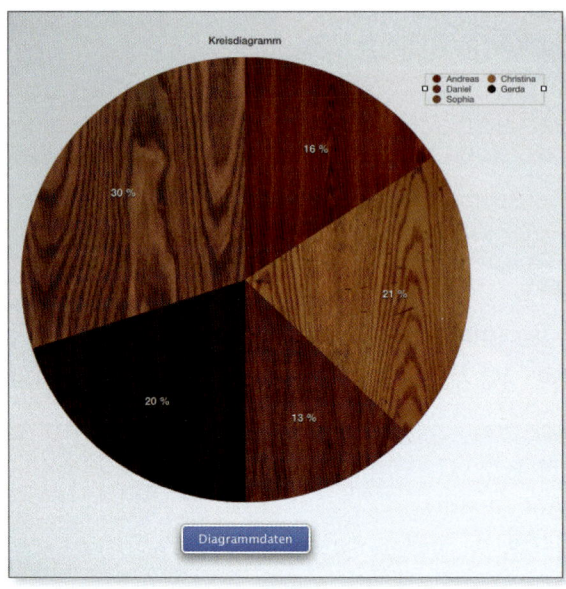

Dieses aus Numbers importierte Diagramm wurde in Keynote mit einer Holztextur versehen. Wie der Import von Diagrammen funktioniert, erfahren Sie gleich.

 An dieser Stelle noch ein Hinweis: Der Bereich rechts ändert sich, wenn Sie auf den Titel des Diagramms klicken. Dann haben Sie nur **Stil**, **Text** und **Anordnen** zur Auswahl. Klicken Sie aber in den Bereich, in dem sich die Balken befinden, erhalten Sie weitere Möglichkeiten, die Daten aufzubereiten.

Unter *Achse* geben Sie unter anderem an, ob Sie die Achse beschriften möchten (*Achsenoptionen*); Sie haben umfangreiche Optionen zu den *Wertebeschriftungen* und können *Hauptgitternetzlinien* und *Hilfsgitternetzlinien* ebenso einfügen wie *Skalenstriche*.

Im Bereich *Datenreihen* lassen sich noch die Werte in die entsprechenden Balken einfügen. Auch hier gibt es noch weitere Möglichkeiten, zum Beispiel das Einfügen oder Weglassen von Währungsbezeichnungen.

Schließlich gibt es noch den Punkt *Anordnen*, den Sie bereits von anderen Inhalten kennen.

Nach ein paar Anpassungen könnte Ihr Diagramm dann so aussehen:

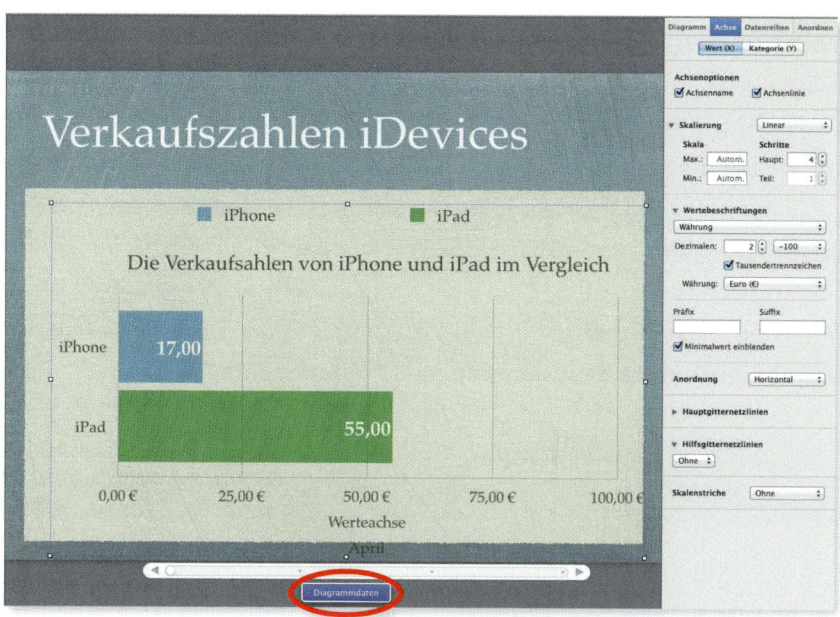

Das Diagramm wurde angepasst.

> ! Sie können aus einem Tortendiagramm auch einzelne Stücke herausziehen, um so den Fokus darauf zu legen. Greifen Sie das betreffende Stück dazu mit der Maus und ziehen Sie es aus der Torte raus.

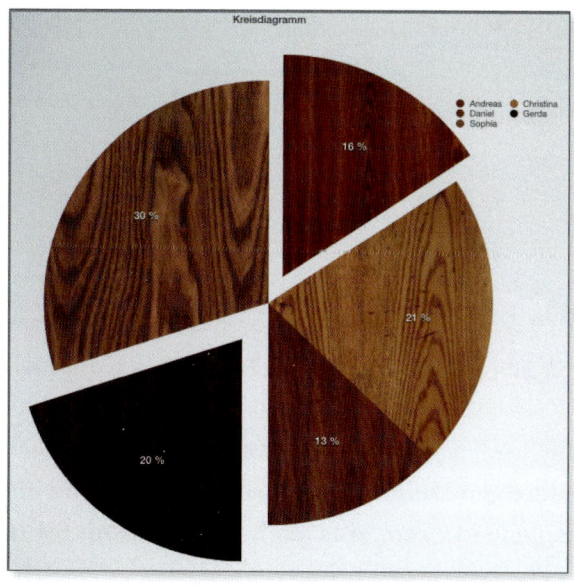

Kommt es Ihnen ganz besonders auf bestimmte Werte an, können Sie die betreffenden Tortenstücke auch rausziehen.

Diagrammdaten ändern

In der Abbildung mit den Verkaufszahlen fällt sofort auf, dass die Werte (in Euro) nicht zur Beschriftung passen. Es werden Verkaufszahlen angekündigt, die in Stückzahlen und nicht in Euro aufbereitet werden müssen. Das bedeutet, dass im *Format*-Menü unter *Achse* die *Wertebeschriftung* von *Währung* auf *Zahl* geändert werden muss.

Im nächsten Schritt passen wir nun auch gleich die Inhalte des Diagramms an. Das geht ganz einfach, indem Sie auf *Diagrammdaten* klicken.

> **!** Falls Sie die Schaltfläche **Diagrammdaten** nicht sehen, haben Sie vermutlich das Diagramm nicht angeklickt. Klicken Sie darauf und der Schalter erscheint.

Sobald Sie geklickt haben, erhalten Sie ein weiteres Fenster, in dem Sie die gewünschten Daten ändern können.

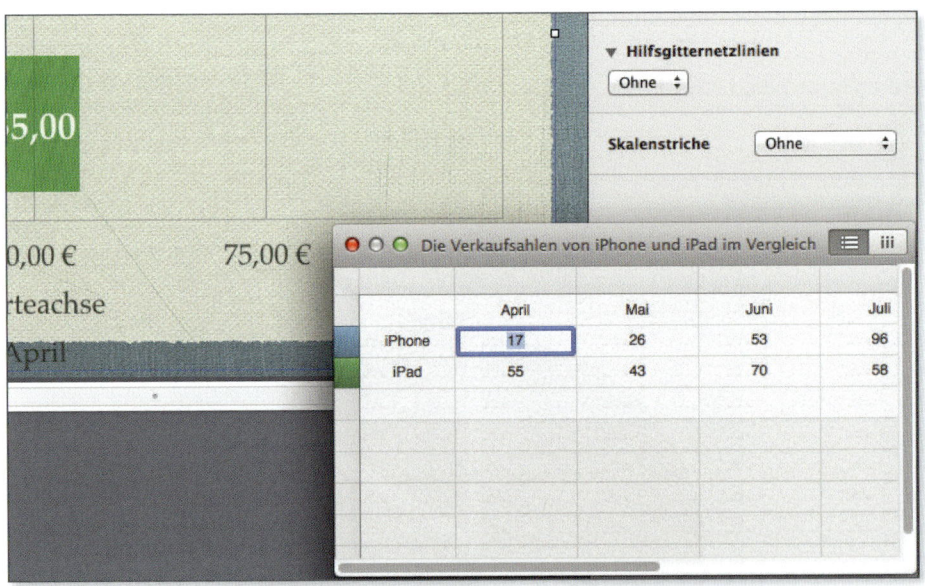

Geben Sie nun alle Daten ein, die im Diagramm zu sehen sein sollen.

Sobald Sie fertig sind, schließen Sie das Datenfenster. Sie können nun alle Animationen des fertigen Diagramms ansehen, indem Sie im Balken darunter auf die Richtungspfeile klicken. Was auch geht: Klicken Sie in dem Balken auf einen der kleinen Punkte; dann springen Sie direkt zu diesen Daten.

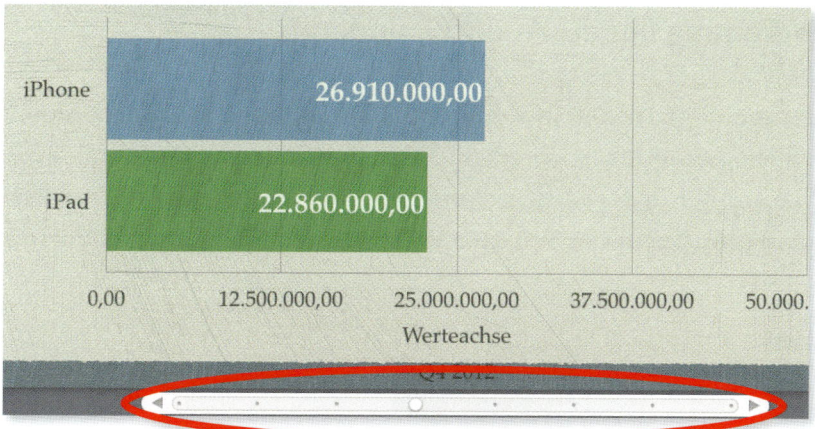

Sie können über den Balken unter dem Diagramm die einzelnen Passagen aufrufen.

Diagramme aus Excel und Numbers importieren

Wie schon bei Tabellen lassen sich auch fertige Diagramme einfach in Keynote importieren. Markieren Sie dazu das gewünschte Diagramm und kopieren Sie es mit *cmd + C* in die Zwischenablage. Danach lässt es sich mit *cmd + V* in Keynote wieder einfügen.

 Eine Vielzahl von Optionen zu einem bestehenden Diagramm finden Sie unter **Format –> Diagramm**. Dort lässt sich nicht nur nachträglich der **Diagrammtyp** ändern, es gibt auch umfangreiche Beschriftungsmöglichkeiten.

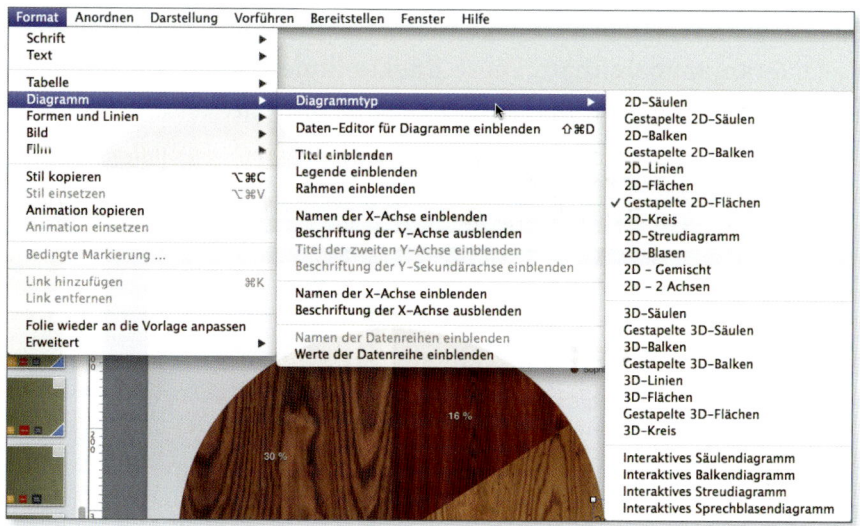

Viele Optionen zu Diagrammen finden Sie im „Format"-Menü unter „Diagramm".

3D-Diagramme anpassen und animieren

Besonders gelungen sehen in Keynote 3D-Diagramme aus. Sie können ein Diagramm auch ganz einfach in verschiedene Positionen bringen, indem Sie es am speziellen Greifer in der Mitte nehmen und in die gewünschte Position drehen. Der Clou daran: Sogar der Schatten im Hintergrund ändert sich entsprechend.

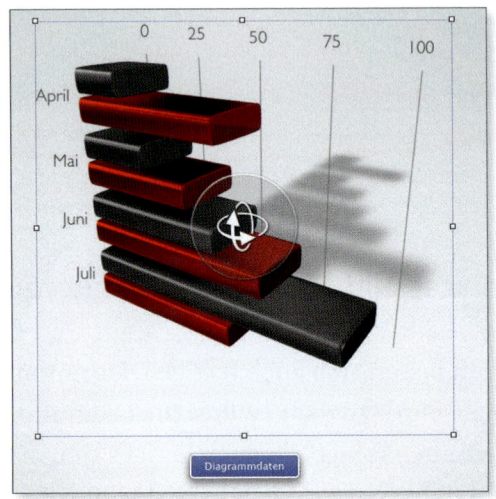

Ein 3D-Diagramm lässt sich über den Greifer in der Mitte drehen. Und auch der Schatten wandert mit.

Ein Diagramm lässt sich ebenso animieren wie jedes andere Element in Keynote. Wie das geht, erklären wir Ihnen im Abschnitt „Mit Übergängen und Animationen arbeiten". Es gibt aber noch weitere Animationen, die Keynote speziell für 3D-Diagramme bereithält. Diese Effekte finden Sie im *Animieren*-Fenster unter *Aufbau* und *Abbau* im Bereich *3D-Diagrammeffekte*.

Das sind die Effekte speziell für 3D-Diagramme.

Formen

Formen eignen sich sehr gut, um Folien in Keynote aufzupeppen. Wenn Sie also einen Pfeil, einen Kreis oder andere Dinge benötigen, ist die Schaltfläche *Form* die richtige Wahl.

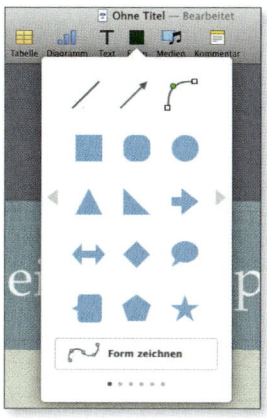

Keynote bietet unterschiedliche Formen in verschiedenen Farben an.

Was hier auf den ersten Blick wie eine nahezu unendliche Auswahl von Formen aussieht, täuscht ein wenig. Kleine Dreiecke neben den Formen der ersten Seite und auch die Punkte darunter deuten auf viele Seiten hin. Allerdings ändert sich auf jeder weiteren Seite lediglich die Farbe und/oder Zeichnung der Form.

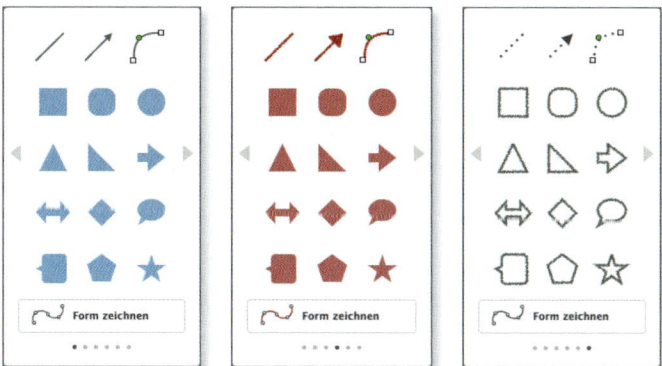

Auch wenn Sie noch so oft die Seite der Formen wechseln, an den Formen selbst ändert sich nichts.

Klicken Sie auf die Form Ihrer Wahl und sie wird in die Folie eingefügt. Sie müssen mit der Auswahl übrigens nicht zu viel Zeit verlieren. Das können Sie auch nachträglich noch ändern. Wir fügen einen roten Pfeil ein.

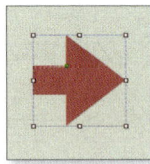

Der Pfeil sieht zunächst genau so aus wie in der Vorschau.

Der Pfeil wurde eingefügt. Er sieht zu diesem Zeitpunkt so aus, wie er Ihnen im *Form*-Fenster als Vorschau angepriesen wurde. Das heißt aber nicht, dass er auch so bleiben muss.

 Sie können Formen auch mit Text befüllen. Doppelklicken Sie dazu auf die Form und tippen Sie einfach los.

Texte in Formen machen sich sehr gut in Präsentationen.

Als Erstes sehen Sie die Quadrate an den Ecken und Seiten des Pfeils. Darüber ziehen Sie ihn in die Länge, verkürzen ihn, machen ihn breiter oder schmaler. Und dann – Sie ahnen es sicher schon – gibt es selbstverständlich auch zu Formen ein angepasstes *Format*-Fenster.

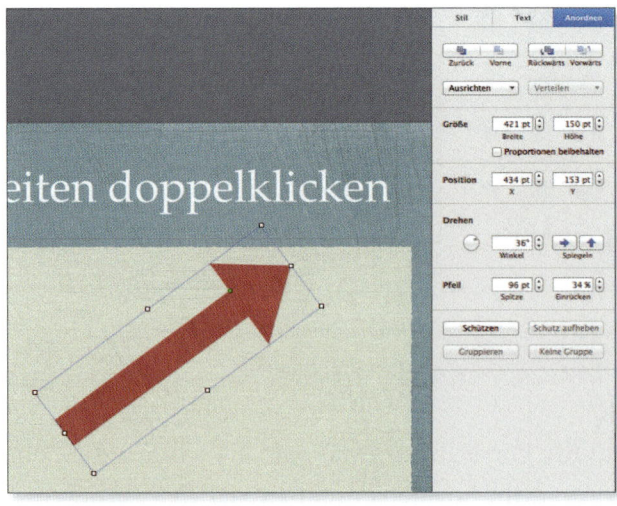

Der Pfeil sieht nun schon ganz anders aus.

 Sie haben bei einem Stern auch die Möglichkeit, die Anzahl der Spitzen zu erhöhen (und danach wieder zu reduzieren). Greifen Sie dazu den grünen Marker im Stern und verschieben Sie ihn nach unten/oben oder links/rechts.

 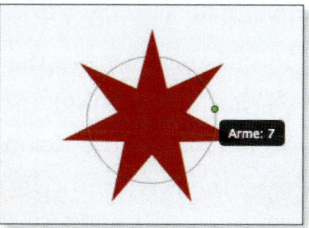

Die Anzahl der Spitzen eines Sterns können Sie über den grünen Marker anpassen.

Im Bereich *Stil* können Sie die Form ändern. Bei *Formstile* haben Sie die Auswahl, die Sie schon beim Erstellen der Form hatten. So könnten wir aus unserem roten Pfeil einen blauen machen. Beim Füllen haben Sie wieder die bekannten Optionen *Füllfarbe*, *Verlauf*, *Erweiterter Verlauf*, *Bild* und *Erweiterte Bildfüllung*.

Eine Form lässt sich auch mit einem Foto füllen.

Anordnen ist hier besonders interessant, weil Sie auf Wunsch auch über Drehen die Ausrichtung des Pfeils ändern können. Dann zeigt er nicht nach rechts wie zu Beginn, sondern zum Beispiel nach rechts oben.

 Möchten Sie die Pfeilspitze von rechts oben nach links unten haben, können Sie den Pfeil mit der Maus an dem entsprechenden Quadrat greifen und in die gewünschte Richtung ziehen. Schneller geht es aber mit **Spiegeln**.

Formen und Linie bearbeitbar machen

Bis hierhin haben Sie schon gesehen, dass Sie Formen ändern können. Abgesehen vom Stern ändert sich aber die grundsätzliche Anmutung der Form nicht, zumindest nicht sofort. Möchten Sie eine Form noch mehr ändern, also direkt auf die Form einwirken, rufen Sie die entsprechende Funktion unter *Format –> Formen und Linien* auf und wählen dort *Bearbeitbar machen*.

Jetzt bekommen nicht nur die Ecken und Seiten der Form einen Marker, den Sie verschieben können. Alle für die Form relevanten Stellen lassen sich nun bearbeiten.

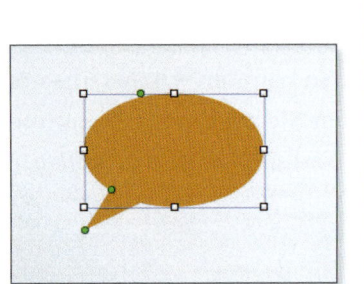 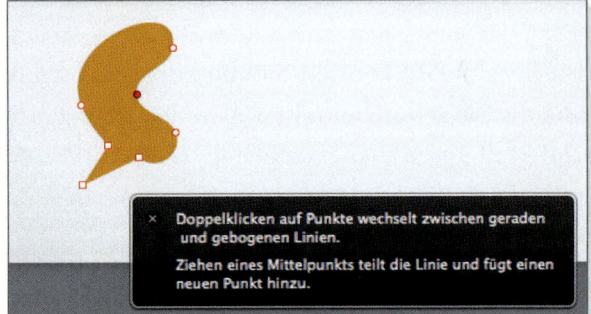

So lässt sich dann beispielsweise eine Sprechblase komplett ändern.

In diesem Beispiel wäre natürlich hinterher nicht mehr viel Platz für Text. Aber es zeigt anschaulich, was möglich ist.

Wenn Sie hier an einem der großen Mittelpunkte ziehen, legt Keynote einen zusätzlichen Mittelpunkt an. Durch das Doppelklicken auf einen Punkt wechseln Sie zwischen geraden und gebogenen Linien.

Weitere Optionen bei Formen und Linien

Ebenfalls im Menü *Format –> Formen und Linien* lassen sich mehrere Formen zu einer verbinden (*Formen verbinden*). Dann werden die ausgewählten Formen künftig nicht mehr eigenständig behandelt, sondern als eine einzige Form.

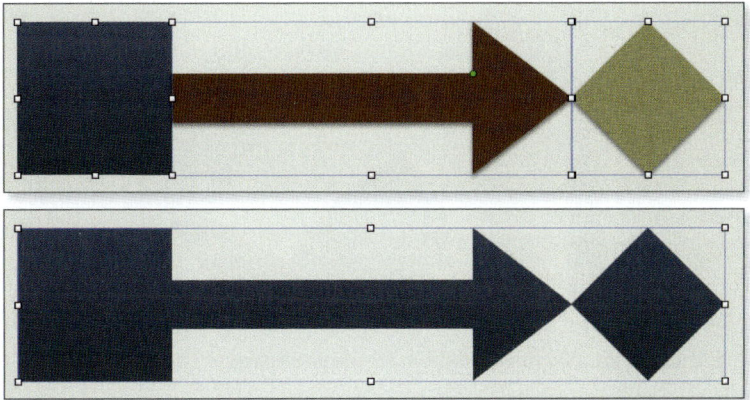

Werden einzelne Formen verbunden, behandelt Keynote sie künftig als eine Form.

Weitere Optionen: die *Schnittmenge von Formen*, *Formen subtrahieren*. Und auch für das Ausschneiden von Formen finden Sie hier den entsprechenden Menüpunkt (*Formen ausschneiden*).

Freihandformen zeichnen

Wenn Sie eine Form benötigen, die Sie nicht in der Auswahl finden, können Sie sie auch selbst zeichnen. Wählen Sie dazu unter den Vorlagen die Option *Form zeichnen* aus. Dann wechselt der Cursor zu einer Füllerform und Sie können mit dem Zeichnen beginnen.

Klicken Sie dann auf eine Stelle in der Folie, um den ersten Punkt dort zu setzen. Jeder weitere Klick fügt eine Linie zwischen beiden Punkten hinzu. Brauchen Sie einen Bogen, klicken Sie und ziehen so lange, bis die Form passt. Lassen Sie dann die Maustaste los und klicken Sie erneut, um den Bogen zu zeichnen.

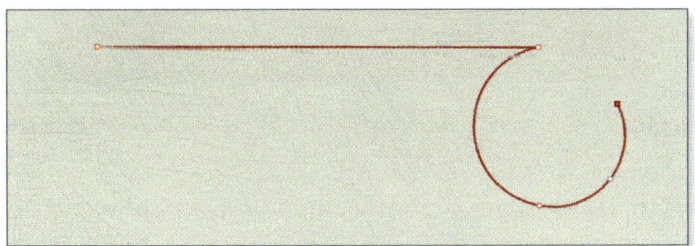

Auch Bogen lassen sich sehr einfach zeichnen.

Zum Beenden des Freizeichnens klicken Sie auf den ersten Punkt, um die Form zu schließen, oder doppelklicken auf den letzten Punkt, um die Form offen zu lassen.

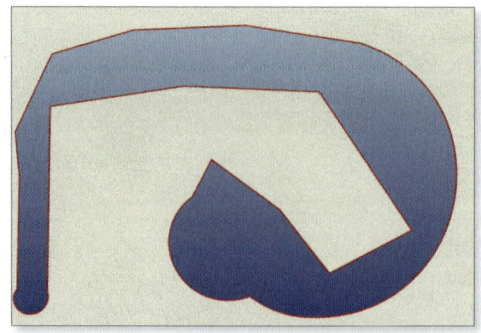

Für das freie Zeichnen können Sie auch abstrakte Formen erstellen.

 Wenn Sie lediglich einen Bogen benötigen, wählen Sie die Form oben rechts in der Auswahl. Sie erhalten dann eine Verbindungslinie, die Sie über die drei Marker anpassen können.

Abgerundete Ecken

Eine runde Ecke. Kann es das geben? In Keynote auf jeden Fall. Wenn Sie eine Linie frei zeichnen, erhalten Sie in der Regel eine sehr eckige Darstellung. Möchten Sie sie runder darstellen, können Sie das sehr einfach umwandeln.

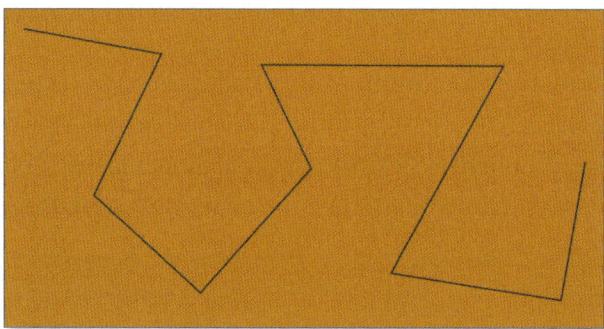

Eine kantige Linie ist sehr schnell gezeichnet, ist aber nicht immer gewünscht.

Doppelklicken Sie dazu auf die Linie, um alle Eckpunkte auszuwählen. Das funktioniert natürlich auch mit einer kleinen Auswahl von Punkten oder einem einzigen. Wenn Sie aber die gesamte Form abrunden möchten, markieren Sie alle Punkte.

Wählen Sie nun im Menü *Format* den Bereich *Formen und Linien* aus und klicken Sie dort auf *In abgerundete Ecken umwandeln*. Das Ergebnis sieht in unserem Fall dann so aus:

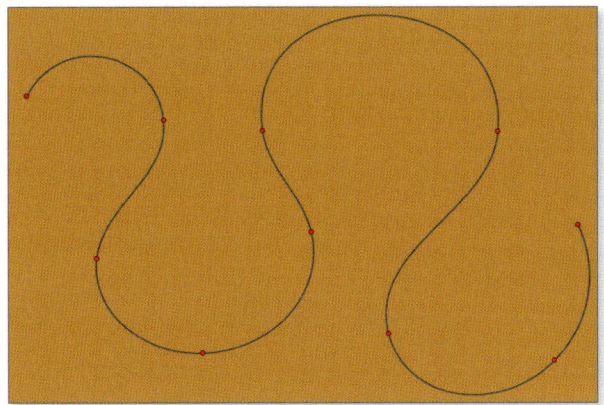

Und schon sind die Ecken rund.

Formen mit Linien verbinden

Möchten Sie dauerhaft eine Verbindung zwischen zwei Formen herstellen, markieren Sie beide Formen und wählen *Einfügen –> Linien* und dann eine der angebotenen Verbindungslinien *Gerade Verbindungslinie*, *Gebogene Verbindungslinie* oder *Abgewinkelte Verbindungslinie*. Daraufhin werden beide Formen entsprechend verbunden.

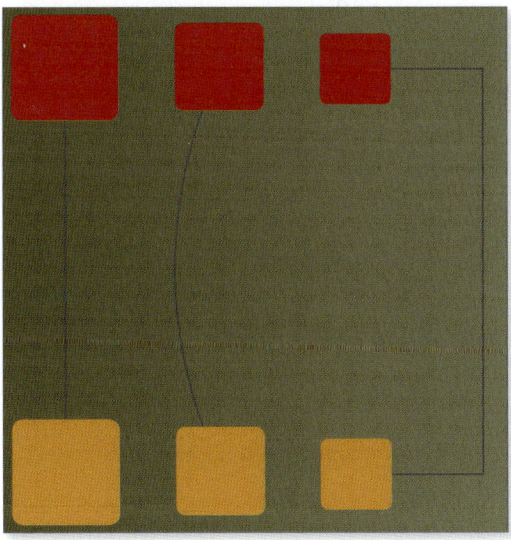

Die drei Verbindungslinien: gerade, gebogen, abgewinkelt.

Der Vorteil an den Verbindungslinien im Vergleich zu ganz normalen Linien: Wenn Sie eine der Formen bewegen, bleibt die Verbindung bestehen.

Die Verbindungslinien folgen den Formen.

> **!** Jede der Verbindungslinien hat drei Anfasser, wenn man sie anklickt. Darüber lassen sie sich auch verschieben und ändern. Einmal markiert, können Sie im **Format**-Fenster im Bereich **Stil** auch noch optische Änderungen vornehmen.

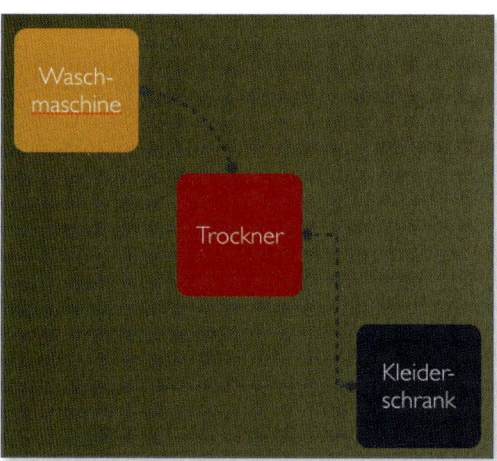

Im „Format"-Fenster können Verbindungslinien gestaltet werden.

Links hinzufügen und bearbeiten

Bei vielen Elementen wie Bildern, Formen und Textfeldern lassen sich Links hinzufügen. Das erreichen Sie, indem Sie rechts auf das Element klicken und dann *Link hinzufügen* auswählen. Sie können auch *cmd + K* drücken.

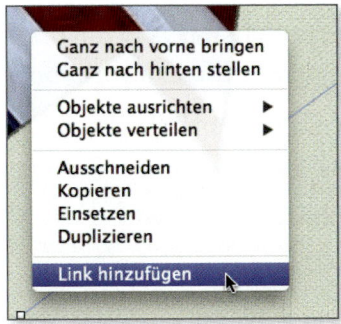

Das Rechtsklickmenü bietet unter anderem auch die Option an, Links hinzuzufügen oder zu bearbeiten.

In dem folgenden Menü können Sie dann entweder im Bereich *Folie* ein bestimmtes Ziel definieren oder Sie geben einen Weblink an oder einen E-Mail-Link an.

Sie können auf alle erdenklichen Folien verlinken.

Wenn Sie dann auf das Element klicken, folgen Sie dem hinterlegten Link. Damit lassen sich beispielsweise weniger wichtige Folien überspringen, wenn der Zuschauer lieber Infos haben will, die erst etwas später gezeigt werden.

Hat ein Element bereits einen Link, sehen Sie beim Rechtsklicken *Link bearbeiten*. Danach können Sie entweder einen anderen Link setzen oder den vorhandenen Link einfach entfernen. *Link entfernen* finden Sie auch im Menü *Format*.

Kommentare in Folien einfügen

Wann immer Sie das Bedürfnis haben, eine Folie Ihrer Präsentation zu kommentieren, können Sie das sehr schnell erledigen. Klicken Sie dazu in der Symbolleiste oben auf *Kommentar*. Daraufhin wird ein Kommentarfenster in die Folie eingefügt, das Sie mit Text füllen können.

Neben Ihrem Kommentar enthält das Feld noch Ihren Namen, einen Zeitstempel und zwei Pfeile, mit denen Sie – sofern vorhanden – zum jeweils vorherigen oder nächsten Kommentar springen können.

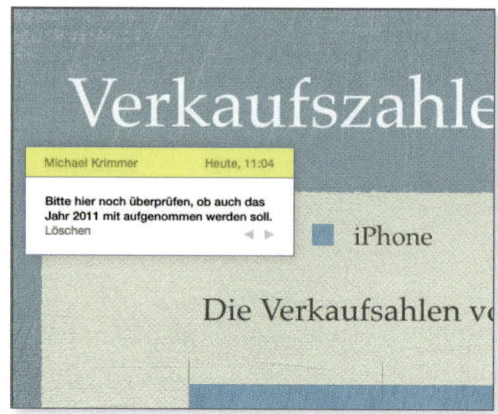

Ein Kommentar ist sehr schnell eingefügt und kann auch nicht übersehen werden.

 Je Folie lässt sich nur ein einziger Kommentar pro Person einfügen. Und beim Abspielen der Präsentation sind Kommentare nicht sichtbar. Möchten Sie den Text sichtbar machen, kopieren Sie ihn in ein Textfeld.

Wenn mehrere Personen an mehreren Rechnern an einer Präsentation arbeiten, bekommt jeder auch ein eigenes Kommentarfeld. So kann man auf einen Blick sehen, wer welchen Kommentar geschrieben hat.

Die Kommentare der einzelnen Bearbeiter sehen verschieden aus.

 Welcher Name bei Ihren Kommentaren angezeigt wird, können Sie in den Einstellungen (**cmd + ,** (Komma) oder **Keynote –> Einstellungen …**) im Bereich **Allgemein** einstellen. Rechts neben **Autor:** finden Sie das entsprechende Feld.

Ungewollte Elemente löschen

Sie haben bisher gesehen, dass sich Tabellen, Diagramme, Textfelder, Medien und Kommentare sehr einfach einfügen bzw. erstellen lassen. Das lädt zum Ausprobieren ein und ist damit eine gute Sache. Weniger gut ist, dass sich dadurch mit der Zeit eine Vielzahl von Elementen sammeln können, die man dann doch nicht braucht, weil man entweder nur was ausprobiert hat oder eine bessere Lösung gefunden hat.

Das Löschen von Inhalten geht aber zum Glück noch schneller als das Erstellen. Meistens ist es so, dass Sie ein Textfeld oder eine Form anklicken und die *Löschen*-Taste auf Ihrer Tastatur drücken. Und schon ist das Element gelöscht.

Alternatives Vorgehen bei Tabellen und Kommentaren

Eine Kleinigkeit muss dann aber noch zum Löschen von Tabellen und Kommentaren gesagt werden. Das geht leider nicht dadurch, dass Sie einfach in die Tabelle oder auf das Kommentarfenster klicken und das Element löschen.

Um eine Tabelle zu löschen, markieren Sie sie zunächst durch einen Klick auf den kleinen Kreis links oben. Erst dann führt die *Löschen*-Taste die gewünschte Aktion aus.

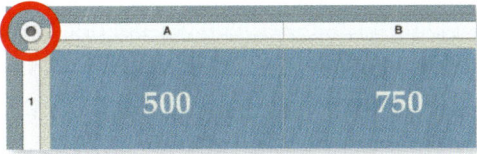

Klicken Sie auf den Kreis, um eine Tabelle zum Löschen auszuwählen.

Bei Kommentaren geht es ganz einfach: Fahren Sie mit der Maus über das Kommentarfeld und klicken Sie auf *Löschen*. Und schon ist der Kommentar weg.

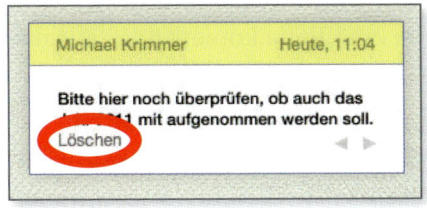

Einen Kommentar löschen Sie über das entsprechende Feld.

Folienoptionen

Eine Folie löschen Sie dadurch, dass Sie sie links in der Übersicht markieren und dann auf die *Löschen*-Taste drücken. Diese Information allein hätte in den Abschnitt „Ungewollte Elemente löschen" gepasst. Aber Sie haben noch mehr Möglichkeiten, wenn Sie mit der rechten Maustaste auf eine Folie klicken.

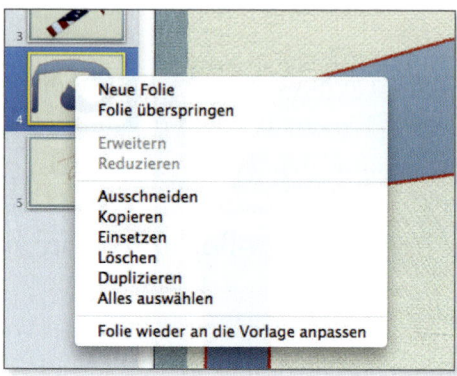

Wenn Sie mit der rechten Maustaste auf eine Folie klicken, haben Sie neben dem Löschen noch weitere Optionen.

- *Neue Folie*: Fügt nach der aktuell markierten Folie eine neue desselben Typs ein. Das geht auch über *Folie –> Neue Folie* oder *shift + cmd + N*.
- *Folie überspringen*: Damit überspringen Sie bei der Wiedergabe die markierte Folie. Sie wird in der Übersicht dann auch eingeklappt dargestellt. *Folie nicht überspringen* klappt die Vorschau wieder auf und die Folie wird wieder eingebaut. (Alternativ: *Folie –> Folie überspringen* oder *shift + cmd + H*)
- *Ausschneiden*: Schneidet die markierte Folie aus. In der Zwischenablage ist sie dann aber noch verfügbar und kann über *Einsetzen* wieder eingefügt werden. (Alternativ: *Bearbeiten –> Ausschneiden* oder *cmd + X*)
- *Kopieren*: Wie Ausschneiden, nur bleibt das Original erhalten. (Alternativ: *Bearbeiten –> Kopieren* oder *cmd + C*)
- *Einsetzen*: Haben Sie eine Folie kopiert oder ausgeschnitten, fügen Sie sie über diese Option wieder nach der aktuell markierten Folie ein. (Alternativ: *Bearbeiten –> Einsetzen* oder *cmd + V*)
- *Duplizieren*: Erstellt eine identische Folie im Anschluss an die markierte Folie. (Alternativ: *Bearbeiten –> Auswahl duplizieren* oder *cmd + D*)
- *Alles auswählen*: Wählt alle Elemente einer Folie aus, um sie gemeinsam bearbeiten zu können. (Alternativ: *Bearbeiten –> Alles auswählen* oder *cmd + A*)

- *Folie wieder an die Vorlage anpassen*: Nimmt Änderungen an der Folie wieder zurück und passt sie damit nachträglich wieder an das gewählte Thema an.

Folien verschieben

Sie können die Reihenfolge von Folien auch ganz einfach dadurch ändern, dass Sie eine Folie mit der Maus greifen und an eine neue Position verschieben. Das würde theoretisch auch über *Ausschneiden* und *Einsetzen* klappen, geht aber mit der Maus deutlich schneller und einfacher.

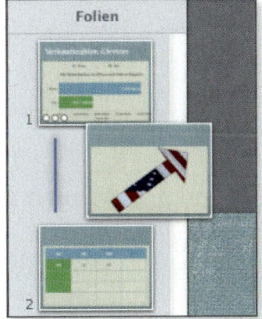

Greifen Sie die zu verschiebende Folie mit der Maus und ziehen Sie sie an eine neue Position.

Möchten Sie mehr als eine Folie gleichzeitig markieren, halten Sie beim Klicken die **cmd**-Taste gedrückt. Bei ganz vielen Folien können Sie auch die erste Folie markieren und dann mit gedrückter **shift**-Taste die letzte. Damit werden alle Folien zwischen den beiden ebenfalls markiert.

Sobald Sie die Folie zwischen zwei andere Folien schieben, machen diese Platz. Lassen Sie die Folie los, um sie zwischen den beiden Folien einzufügen.

Folien einrücken

Sie können Folien linksbündig einfügen oder – indem Sie sie mit der Maus etwas nach rechts bewegen – Folien auch einrücken. Das kann Ihnen dabei helfen, thematisch zusammengehörige Folien zusammenzufassen. Haben Sie irrtümlich eine Folie eingerückt, können Sie das mit *shift + Tab* wieder zurückrücken. Oder Sie schieben sie mit der Maus nach links.

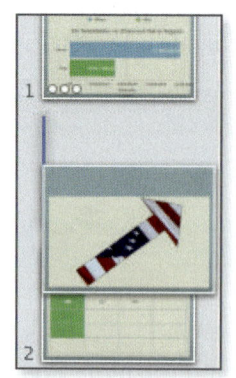 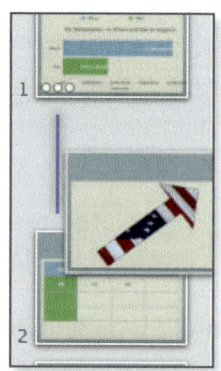

Sie können eine Folie linksbündig oder eingerückt einfügen.

Möchten Sie nur immer die übergeordnete Folie eines Themenbereichs sehen, klicken Sie auf das Dreieck davor und schon werden die untergeordneten Folien ausgeblendet. Ein weiterer Klick auf das Dreieck zeigt wieder alle Folien.

Alternativ dazu geht das auch mit einem Rechtsklick auf die übergeordnete Folie und *Reduzieren* bzw. *Erweitern* oder *Folie –> Erweitern* bzw. *Reduzieren*. Oder Sie wenden den Befehl auf alle entsprechenden Folien an und klicken auf *Alle erweitern* oder *Alle reduzieren*.

Mit Übergängen und Animationen arbeiten

Abgesehen von den interaktiven Diagrammen waren bisher alle Inhalte statisch. Das hätte man auch mit einem Ausdruck auf Papier vermitteln können. Aber es gibt einen Bereich, in dem die Präsentationssoftware Keynote ihre Stärken voll ausspielen kann. Und das geht ganz einfach nicht auf dem Papier. Die Rede ist von Übergängen und Animationen.

Eine große Auswahl von Animationen erhalten Sie, wenn Sie rechts oben in der Symbolleiste auf *Animieren* klicken. Sie erreichen das *Animieren*-Fenster auch, indem Sie auf *Darstellung –> Infofenster –> Animieren* klicken.

Keynote bietet eine Vielzahl von Animationen an, die Sie über die entsprechende Schaltfläche in der Symbolleiste erreichen.

Die Animationen sind unterteilt in *Aufbau*, *Aktion* und *Abbau*. Jeder dieser Unterpunkte verfügt über eine Vielzahl von Auswahlmöglichkeiten, von denen wir Ihnen im Folgenden exemplarisch einige zeigen möchten. Für alle anderen gilt: Ausprobieren! Sie werden sehen, wie einfach sich damit anspruchsvolle Effekte erstellen lassen.

Aufbau-Animationen

Die *Aufbau*-Animationen sind dazu da, Elemente spektakulär in der Folie auftauchen zu lassen. Sie bauen also beispielsweise ein Foto ein und wählen eine *Aufbau*-Animation. Wenn dann die Folie erscheint, ist das Bild nicht sofort zu sehen. Erst nach einem weiteren Tastendruck bzw. Mausklick startet die Animation.

 Bei Übergängen können Sie per **Übergang starten** auf Wunsch auch festlegen, dass die Animation nach einer gewissen Zeit automatisch beginnt, indem Sie **Automatisch** auswählen und eine **Verzögerung** angeben.

Möchten Sie eine andere Animation ausprobieren, klicken Sie auf *Ändern*. In der darauf folgenden Liste gibt es einen Trick, wie Sie sehr schnell sehen können, welche Animation was bewirkt:

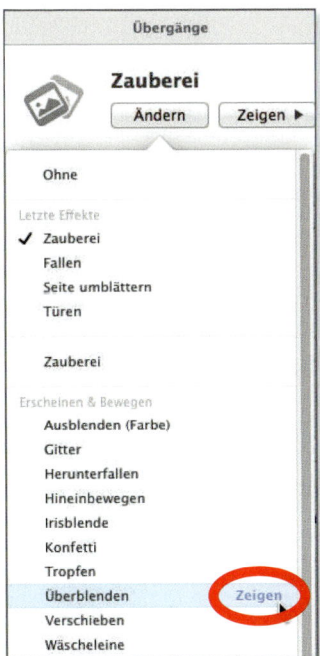

Klicken Sie auf „Zeigen", um in der Folie zu sehen, was die jeweilige Animation bewirkt.

Wir starten mit einem Bild aus einem der Keynote-Themen:

Als Beispiel dient uns das Bild aus der Keynote-Vorlage „Ausstellung".

Nun rufen wir im rechten Bereich die *Aufbau*-Animationen auf, indem wir auf *Effekt hinzufügen* klicken. Daraufhin erhalten wir eine Liste mit allen verfügbaren Animationen der gewählten Rubrik.

Diese „Aufbau"-Animationen stehen zur Verfügung.

 Um zu sehen, was die jeweilige Animation bewirkt, bewegen Sie die Maus über den Eintrag in der Liste und klicken auf **Zeigen**.

Wir entscheiden uns für die Animation *Konfetti* und wählen sie aus.

Wenn wir uns die Folie später ansehen, wird an dieser Stelle zunächst eine leere Seite zu sehen sein. Erst nach einem weiteren Klick oder Tastendruck wird dann das Motorrad per *Konfetti*-Effekt eingeblendet.

 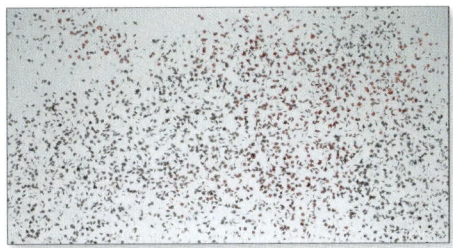

So sieht der „Konfetti"-Effekt in der Praxis aus.

Aktionen

Aktionen sind dann hilfreich, wenn Sie das Augenmerk auf ein bestimmtes Element richten möchten. Haben Sie zum Beispiel einige Fotos in einer Folie und es geht Ihnen um ein ganz bestimmtes, markieren Sie genau dieses Bild und legen eine *Aktion* fest.

Sie haben dabei eine im Vergleich zu den *Aufbau*-Animationen etwas reduzierte Auswahl, die Ihnen aber dennoch genug künstlerischen Spielraum lässt:

Keynote bietet auch eine kleine Auswahl von Aktionen an, um bestimmte Bereiche einer Folie deutlich hervorzuheben.

Nutzen Sie auch hier die Möglichkeit, die **Aktion** vorab zu testen, indem Sie auf **Zeigen** klicken.

Wir entscheiden uns für die Aktion *Drehen* und wählen sie daher aus. Nun ist die Animation festgelegt, allerdings noch mit den Standardeinstellungen.

Wir möchten aber, dass sich das Bild zweimal komplett *Im Uhrzeigersinn* dreht und geben daher einen *Winkel* von 359° an und 2 *Rotationen* an. Als *Dauer* nehmen wir 2,00 s (Sekunden) für alle Drehungen. Das Ergebnis ist dann dieses:

Das zu drehende Element wird aus der Ausgangsposition genommen, gedreht und wieder zum Start zurückgebracht.

 Ihnen ist sicherlich aufgefallen, dass unsere komplette Drehung nur aus 359° besteht. Der fehlende 360. Grad ist wieder die Ausgangsposition. Daher fehlt er nicht wirklich, auch wenn die Zahl selbst geringfügig kleiner ist.

Abbau-Animationen

Der *Abbau* ist im Grunde wie der *Aufbau*, nur wird dabei nicht ein Element eingeblendet, sondern über die Animation aus der Folie genommen. Wenn Sie sich also mit den Animationen im Bereich *Aufbau* auskennen, werden Sie sich beim *Abbau* sofort zu Hause fühlen. Daher verzichten wir an dieser Stelle auf ein Beispiel.

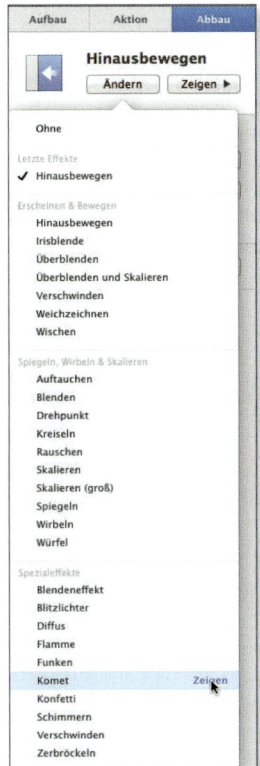

Diese Möglichkeiten haben Sie, Elemente aus der Folie zu befördern.

Animationen nicht nur für Bilder

Sie sind bei Animationen nicht auf den Einsatz von Bildern beschränkt. Auch Texte und Formen lassen sich auf diese Weise auf- oder abbauen oder mit Aktionen versehen.

Die bisherigen Animationen haben sich auf ein Element (oder mehrere) in einer Folie bezogen. Die Folie ist dabei auch dieselbe geblieben. Möchten Sie einen guten Übergang von einer Folie zur anderen haben, gibt es dafür passend bezeichnet die *Übergänge*.

Zugriff auf die *Übergänge* haben Sie immer dann, wenn die Folie selbst markiert ist und nicht ein Element darin.

Übergänge

Ein sehr gelungener Übergang ist *Zauberei*. Dieser Übergang sorgt dafür, dass Elemente aus der ersten Folie wie durch Zauberhand an die Stelle verfrachtet werden, an der sie sich in der nächsten Folie befinden. Ein Beispiel: Sie haben ein paar Fotos kreuz und quer in einer Folie angeordnet. Auf der nächsten Folie sollen sie sich geordnet im unteren Bereich befinden.

Dazu erstellen Sie zunächst die erste Folie mit den unsortierten Bildern.

Die Bilder sind nicht sortiert in die Folie eingefügt.

Im nächsten Schritt duplizieren Sie die Folie mit einem Rechtsklick darauf in der Folienansicht links.

 Sie können zwar auch eine neue Folie erstellen und die Bilder neu einfügen, aber das Duplizieren geht deutlich schneller und bietet Ihnen alle Elemente, die Sie benötigen.

Nun richten Sie in der zweiten Folie alle Bilder so an, wie sie am Ende sein sollen. Sie können dabei auch die Größe und/oder die Ausrichtung ändern. Auch eine Spiegelung ist machbar. Das alles kann *Zauberei* verarbeiten. Wichtig ist nur, dass Keynote die Elemente erkennt. Aus einer Maus einen Elefanten zu machen würde also nicht klappen. In unserem Beispiel sollen alle Bilder als Vorschau nach unten wandern. Das Ergebnis soll also so aussehen:

Dort sollen die Bilder nach der Animation landen.

Nun wechseln Sie wieder zur ersten Folie mit den unsortierten Bildern, klicken auf *Animieren* und klicken auf *Effekt hinzufügen* und dann auf *Zauberei*.

 In diesem Fall ist keines der Elemente markiert, daher geht Keynote davon aus, dass Sie einen Übergang haben möchten. Markieren Sie auf Wunsch eines oder mehrere der Bilder, um die Auswahl zwischen **Aufbau**, **Aktion** und **Abbau** zu erhalten. Dann bezieht sich der jeweilige Effekt aber auch nur auf die markierten Elemente.

Daraufhin sehen Sie schon einmal, was dabei passieren wird. Möchten Sie es noch einmal sehen, klicken Sie auf *Zeigen*.

Die Bilder bewegen sich von oben (unsortiert) nach unten (sortiert) und nehmen die festgelegte Position ein.

Und wie bei so gut wie allen Funktionen in Keynote haben Sie auch bei den Animationen noch einige Möglichkeiten, das Ergebnis zu verbessern.

Legen Sie hier unter anderem fest, wie lange die Animation dauern soll.

Unterschiedliche Animationen innerhalb einer Folie

Sie können alle Animationen einer Folie mit demselben Effekt animieren. Dann erstellen Sie beispielsweise eine Folie mit unterschiedlichen Elementen und richten diese nach Ihren Wünschen aus. Dann duplizieren Sie die Folie und ändern die Orte der Elemente. Wenn Sie nun als Übergang *Zauberei* wählen, werden alle Elemente per *Zauberei*-Animation an ihre neuen Positionen bewegt.

Sie können aber auch unterschiedliche Animationen für einzelne Objekte definieren. Dann markieren Sie die gewünschten Elemente und wählen dafür eine andere Animation aus. Sie haben auch die Möglichkeit, die Reihenfolge der Effekte festzulegen.

Reihenfolge der Animationen festlegen

Haben Sie mehr als nur eine Animation in einer Folie vergeben und möchten Sie angeben, was zuerst und was danach passieren soll, klicken Sie rechts unten im *Animieren*-Fenster auf *Reihenfolge der Animationen*.

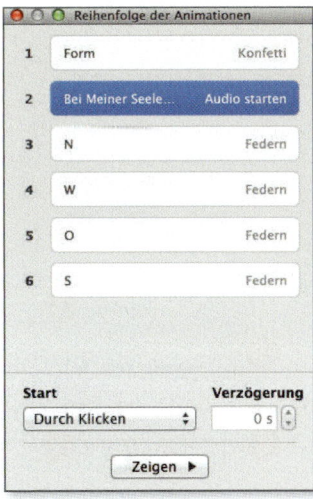

Klicken Sie im „Animieren"-Fenster auf „Reihenfolge der Animationen", um das entsprechende Fenster zu öffnen.

❶ Im oberen Bereich können Sie die einzelnen Animationen ganz einfach mit der Maus nach oben oder unten verschieben und so die Reihenfolge ändern.

❷ Geben Sie hier an, ob die markierte Animation durch einen Mausklick (*Durch Klicken*) starten soll oder nach der jeweils vorhergehenden Animation (*Nach Übergang*). Im zweiten Fall geben Sie noch eine *Verzögerung* an.

❸ Mit *Zeigen* sehen Sie, was die jeweils markierte Animation bewirkt.

> **!** Haben Sie in eine Folie auch noch ein Musikstück oder ein Video eingebunden, wird der Start der Musik ebenfalls als Effekt angeboten, den Sie an eine beliebige Stelle packen können.

In diesem Fall startet die Musik, sobald die Form erschienen ist.

Präsentationen konfigurieren

Neben den bereits bekannten Fenstern für Format und Animieren gibt es noch einen dritten Punkt: *Konfigurieren*. Obwohl es fast so klingt, als kämen Sie damit zu den Einstellungen von Keynote, geht es hier um die Optionen zu Ihrer gerade geöffneten Präsentation. Sie erreichen das *Konfigurieren*-Fenster auch, indem Sie auf *Darstellung –> Infofenster –> Aufbau der Präsentation* klicken.

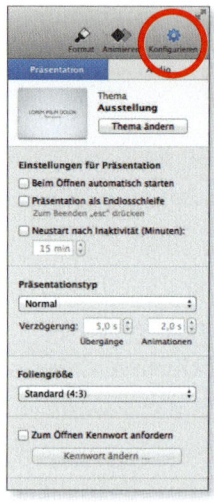

Im Bereich „Konfigurieren" geht es um die Eigenschaften Ihrer Präsentation.

Nun geht es zweigeteilt weiter: *Präsentation* kümmert sich um die Einstellungen zu Ihren Folien, über *Audio* können Sie Ihrer Präsentation eine musikalische Untermalung hinzufügen.

Präsentationen mit Musik untermalen

Selbstverständlich lässt sich Ihrer Präsentation auch Musik hinzufügen.

❶ Zum Hinzufügen von Musik klicken Sie auf das Notensymbol.

❷ Welche Titel Sie bereits hinzugefügt haben, sehen Sie in der Übersicht im Bereich *Soundtrack*. Sie können hier auch die Reihenfolge der Songs ändern, indem Sie sie mit der Maus nach oben oder unten verschieben.

❸ Legen Sie hier fest, ob Sie die Titel *1x wiedergeben* möchten. Alternativ dazu gibt es noch *Aus* oder *Endlosschleife*.

❹ Haben Sie im Bereich *Soundtrack* einen Eintrag ausgewählt, können Sie ihn über das Wiedergabesymbol abspielen und auch wieder pausieren.

❺ Rechts neben dem Wiedergabesymbol finden Sie einen Lautstärkeregler. Änderungen daran wirken sich nicht nur auf die Wiedergabe ❹ aus, sondern auch auf die Lautstärke während der eigentlichen Wiedergabe der Präsentation.

Präsentationen aufzeichnen

Sie können eine Präsentation vorführen und sogar mit Ihren eigenen gesprochenen Kommentaren aufwerten, obwohl Sie zum Zeitpunkt der Wiedergabe überhaupt nicht vor Ort sind. Möglich macht es die Aufzeichnung einer Präsentation, die Sie über *Konfigurieren –> Audio –> Aufzeichnen* oder *Vorführen –> Präsentation aufzeichnen ...* starten.

In beiden Fällen landen Sie in einer Art Kontrollraum Ihrer Präsentation, in dem es einiges zu sehen und einzustellen gibt.

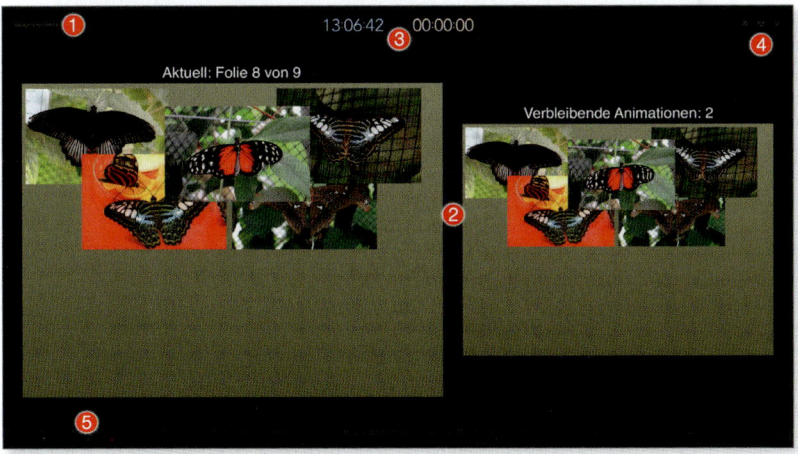

Das ist Ihre Schaltzentrale für die Aufzeichnung einer Präsentation.

❶ Blenden Sie hier die Übersichtsleiste mit allen Folien ein oder aus.

❷ Im Hauptbereich sehen Sie die aktuelle Folie (links) und die darauf folgende (rechts) jeweils mit weiteren Infos gleich darüber.

❸ Uhr und Timer informieren über die aktuelle Uhrzeit und die verstrichene Zeit.

In den Einstellungen für die Moderatorwerkzeuge lassen sich unter anderem auch die Uhr und der Timer ein- und ausblenden.

❹ Rechts oben gibt es Schaltflächen für die Tastaturkurzbefehle, die Moderatorwerkzeuge und einen Schalter zum Schließen des Aufnahmefensters (die *esc*-Taste bringt Sie übrigens auch zurück).

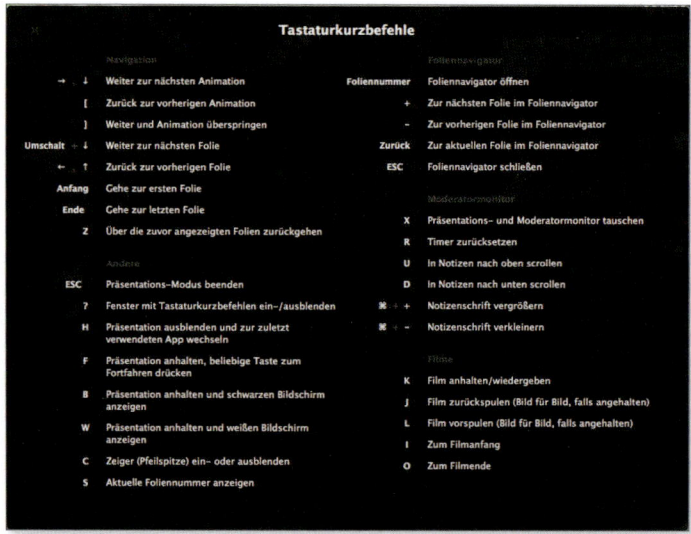

Über die Tastenkürzel steuern Sie die Aufnahme sehr einfach.

❺ Links unten befinden sich dann die eigentlichen Aufnahmewerkzeuge. Ganz links sehen Sie, ob das Mikro Sprache und Geräusche aufzeichnet (mit einem Stummschalter, wenn Sie sich mal räuspern müssen). Die Aufnahme starten Sie durch einen Druck auf die rote Aufnahmetaste. Nach einem 3-2-1-Countdown geht es dann los.

Nun können Sie die Präsentation wie gewünscht durchlaufen (sehen Sie sich dazu auch die Tastenkürzel an). Was Sie zu sagen haben, sprechen Sie einfach in das Mikrofon. Wenn Sie fertig sind, klicken Sie erneut auf das Aufnahmesymbol. Nun ist die Präsentation im Kasten.

Aufgezeichnete Präsentation testen

Um zu sehen (und zu hören), was Sie aufgezeichnet haben, klicken Sie auf das Wiedergabesymbol links neben der Aufnahmetaste.

Auch während der Wiedergabe können Sie noch eingreifen.

Sie stoppen die Wiedergabe durch das Pausesymbol. Der Fortschrittsbalken informiert Sie über die aktuelle Position in Ihrem Vortrag. Den Marker in der Leiste können Sie auch greifen und an eine andere Stelle ziehen. Dabei wird eingeblendet, welche Folie zu dieser Zeit zu sehen war. Die Taste links neben Wiedergabe/Pause bringt Sie wieder zum Anfang der Aufzeichnung.

 Die Aufzeichnung wird übrigens mit der Präsentation gespeichert. Das bedeutet, wenn Sie die Datei per Dropbox, E-Mail etc. weitergeben, ist darin auch die Aufzeichnung enthalten.

Wenn Sie einmal Folien löschen möchten, es aber eine Aufzeichnung gibt, macht Sie Keynote darauf aufmerksam, dass das zu Problemen führen könnte.

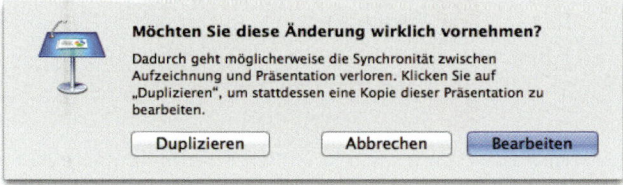

Legen Sie im Zweifel ein Duplikat an, damit Ihre Aufzeichnung am Original noch funktioniert.

Aufgezeichnete Präsentation löschen

Mit jeder Präsentation ist immer nur maximal eine Aufzeichnung verknüpft. Möchten Sie die bestehende Aufzeichnung löschen, geht das entweder über *Konfigurieren –> Audio –> Löschen* oder über *Vorführen –> Aufzeichnung löschen ...*

> Wenn Sie schon nach Beendigung der Aufnahme wissen, dass sie nichts geworden ist und gelöscht werden muss, finden Sie zu diesem Zweck rechts neben dem Fortschrittsbalken ein Papierkorbsymbol.

Präsentationseigenschaften

Im Bereich *Präsentation* gibt es dann auch die angekündigten Eigenschaften zur gerade geöffneten Präsentation.

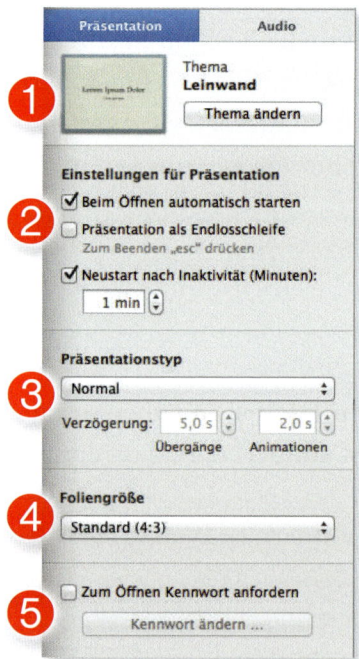

Die Einstellungen zur Keynote-Präsentation.

❶ Hier können Sie nachträglich das Thema der Folien ändern.

❷ Legen Sie hier fest, ob beim Öffnen der Präsentation sofort automatisch die Wiedergabe gestartet werden soll. Auf Wunsch läuft die Präsentation auch als Endlosschleife. Möchten Sie die Wiedergabe beenden, drücken Sie die *esc*-Taste. Und wenn Sie in einer Präsentation bei einer Folie verharren, kann nach der eingestellten Zeit ein *Neustart nach Inaktivität* gemacht werden. Dann beginnt die Präsentation wieder bei Folie 1.

❸ Der *Präsentationstyp* kann von *Normal* auf *Nur Links* oder *Selbstablaufend* eingestellt werden. Bei *Nur Links* lassen sich lediglich in die Präsentation eingebettete Links aktivieren. Bei *Selbstablaufend* fährt Keynote nach den Verzögerungsvorgaben selbstständig in der Präsentation fort. Das eignet sich beispielsweise gut für eine Präsentation an einem Messestand, die nur Produktinfos zeigen soll.

❹ Wählen Sie hier, ob die Präsentation im Format *Standard (4:3)* oder *Breitbild (16:9)* dargestellt werden soll oder ob Sie eine *Eigene Foliengröße ...* festlegen möchten. Geben Sie im letzten Fall eine Größe (Breite x Höhe) in Pixel an.

❺ Und auch an dieser Stelle lässt sich ein Kennwort vergeben. Aktivieren Sie dazu das Häkchen und geben Sie im nächsten Schritt das gewünschte Kennwort mit einer optionalen Merkhilfe ein. Dieses Kennwort lässt sich auf Wunsch auch im iCloud-Schlüsselbund ablegen.

Wenn Sie ein Kennwort vergeben haben, wechselt die Taste zu *Kennwort ändern ...* Im nächsten Fenster finden Sie dann zusätzlich die Option *Kennwort entfernen*.

 Das Kennwort können Sie auch jederzeit unter **Ablage –> Kennwort festlegen** eintragen und danach auch wieder an derselben Stelle ändern oder löschen.

Folienvorlagen bearbeiten

Folienvorlagen (Themen) sind eine gute Möglichkeit, sehr schnell zu Ergebnissen zu kommen. Nur manchmal ist man mit der einen oder anderen Kleinigkeit unzufrieden. Das kann man dann zwar jedes Mal manuell ändern oder mit duplizierten Folien arbeiten. Aber es kann dennoch sein, dass Sie mal die eine oder andere Vorlage ändern möchten.

Das können Sie tun! Im Menü *Darstellung* finden Sie den Punkt *Folienvorlagen bearbeiten*. Die Freunde von Tastenkürzeln erreichen mit *alt + cmd + E* dasselbe Ziel. In beiden Fällen kommen Sie zu einem Fenster, das Ihnen alle Vorlagen des ausgewählten Themas anzeigt und zur Bearbeitung anbietet.

Folienvorlagen lassen sich auch an Ihre persönlichen Bedürfnisse anpassen.

❶ In der Spalte links sehen Sie alle verfügbaren Folien des gewählten Themas.
❷ Über das +-Symbol fügen Sie eine neue Folie hinzu, die dann Bestandteil des Themas wird.
❸ Im Hauptbereich bekommen Sie die gewählte Folienvorlage zur Überarbeitung angezeigt.
❹ Auch hier haben Sie Zugriff auf das Layout der Vorlage.
❺ Wenn Sie mit der Überarbeitung fertig sind, klicken Sie auf *Fertig*.

> **!** Das markierte Symbol rechts unten am Bild ermöglicht es Ihnen, ein neues Bild anstelle des bereits eingefügten zu wählen. Diese Funktion gilt aber nicht nur für das Abändern von Vorlagen, sondern auch bei der Arbeit mit Folien selbst.

Eigene Themen von Grund auf neu erstellen

Wenn Sie keine bestehende Themenvorlage ändern, sondern stattdessen lieber ein komplett neues Thema anlegen möchten, können Sie das auch machen.

Öffnen Sie dazu eine der vordefinierten Vorlagen oder eines der neutralen Themen *Weiß*, *Schwarz* oder *Verlauf*.

Wechseln Sie dann mit *Darstellung –> Folienvorlagen bearbeiten* in den Bearbeitenmodus (oder mit *alt + cmd + E*). Nun können Sie nach Lust und Laune vorhandene Folien löschen, neue hinzufügen und in bestehenden Folien mit Elementen arbeiten, bis Sie eine Vorlage haben, die Ihren Wünschen entspricht.

Möchten Sie einer Folie einen anderen Namen geben, doppelklicken Sie auf den vorhandenen Namen und geben dann den neuen ein.

Sie können den Folien Ihrer Vorlage auch neue Namen geben.

Wenn Sie mit einer Folie fertig sind, bestätigen Sie das durch einen Klick auf *Fertig*.

Um das neue Thema dann abzuspeichern, rufen Sie im Menü *Ablage* den Punkt *Thema sichern …* auf. Im nächsten Schritt legen Sie fest, ob Sie die Vorlage lediglich auf Ihrem Computer sichern möchten (*Sichern …*) oder ob Sie das Thema wie die anderen Vorlagen in der Auswahl zur Verfügung haben möchten. In diesem Fall klicken Sie auf *Zur Themenauswahl hinzufügen* und geben danach einen Namen ein.

Daraufhin legt Keynote neben den bereits bekannten Rubriken *Standard* und *Weit* noch eine dritte Kategorie an: *Meine Themen*. Und dort findet dann die gerade gespeicherte Vorlage (und alle Vorlagen, die Sie künftig erstellen) Platz.

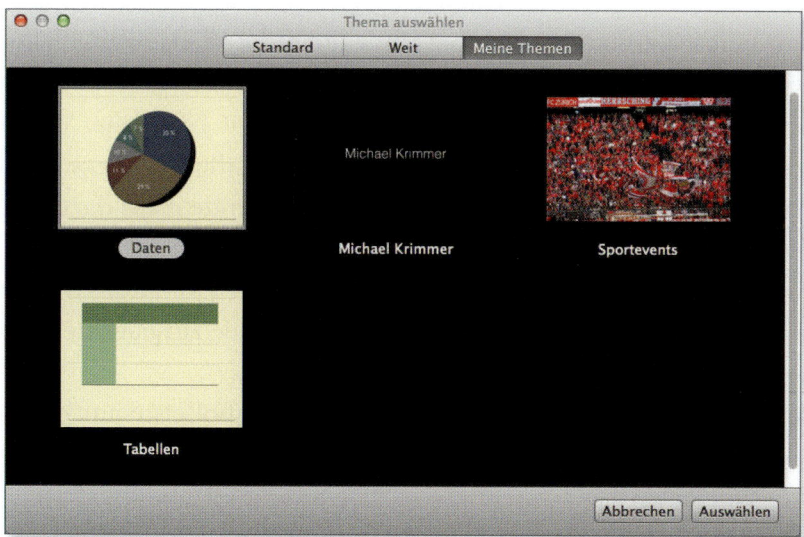

Im Bereich „Meine Themen" finden Sie alle Ihre persönlichen Keynote-Vorlagen.

Eigene Themen umbenennen oder löschen

Und noch ein Tipp zu den eigenen Themen: Wenn Sie mit der rechten Maustaste auf eine Ihrer Vorlagen klicken, erhalten Sie ein Menü, über das Sie das Thema *Umbenennen* oder *Löschen* können.

Und natürlich können Sie eigene Themen auch umbenennen oder löschen. Ein Rechtsklick darauf macht es möglich.

> **!** Das Löschen oder Umbenennen von Themen funktioniert nur mit Ihren eigenen. Die von Apple vordefinierten Themen erlauben diese beiden Aktionen nicht.

Präsentationen vorführen

Jetzt ist es endlich so weit. Die Präsentation ist fertig. Und nachdem man so etwas ja in den seltensten Fällen nur für sich selbst vorbereitet, möchte man die Präsentation auch anderen zeigen. Dabei gibt es grundsätzlich zwei Möglichkeiten.

Die erste Möglichkeit haben Sie bereits im Abschnitt „Präsentationen aufzeichnen" kennengelernt. Dabei zeichnen Sie vorab auf, in welcher Weise Sie die Folien zeigen und was Sie dazu sagen möchten. Auf diesem Wege kann später die Präsentation abgespielt werden und der Vortragende muss dazu noch nicht einmal vor Ort sein.

Die zweite Möglichkeit ist quasi die Liveversion vor Publikum. Dabei starten Sie Ihre Präsentation, wechseln manuell von einer Folie zur nächsten und erzählen alle relevanten Infos.

Sie starten die Präsentation, indem Sie in der Symbolleiste auf *Vorführen* klicken, *Vorführen –> Präsentation vorführen* anklicken oder die Tastenkombination *alt + cmd + P* drücken.

> **!** Beim Start über den **Vorführen**-Button in der Symbolleiste oder über **Vorführen** **–> Aufgezeichnete Präsentation vorführen** starten Sie (sofern vorhanden) eine vorher aufgezeichnete Präsentation. Möchten Sie trotz vorhandener Aufzeichnung selbst moderieren, wählen Sie im Menü **Vorführen** den Punkt **Präsentation vorführen**.

Wiedergabe auf Computermonitor oder Beamer

Geben Sie Ihre Präsentation direkt an Ihrem Mac wieder, werden die Folien dort angezeigt. Sie haben aber auch die Möglichkeit, die Folien über einen angeschlossenen Beamer an die Wand zu werfen. Das hat neben der besseren Sicht für die Zuschauer auch den Vorteil, dass Sie Moderatornotizen nutzen können. Dann kann nämlich das Display Ihres Rechners als Unterstützung für Sie fungieren und den Moderatormonitor anzeigen (dazu gleich mehr). Allerdings müssen Sie dazu – wenn nicht schon erfolgt – in den Systemeinstellungen des Macs eine Einstellung vornehmen.

Öffnen Sie die *Systemeinstellungen* und dort den Bereich *Monitore*. Wenn Sie einen Beamer angeschlossen haben, finden Sie im Bereich *Anordnen* den Punkt *Bildschirme synchronisieren*. Diesen Punkt deaktivieren Sie bitte, indem Sie das Häkchen davor entfernen.

Daraufhin erhalten Sie nicht mehr einen einzigen Monitor angezeigt, sondern zwei zur Auswahl. Wenn Sie auf eines der Displaysymbole klicken, wird das aktive kurz rot umrandet angezeigt. So sehen Sie sofort, um welches Ausgabegerät es sich handelt.

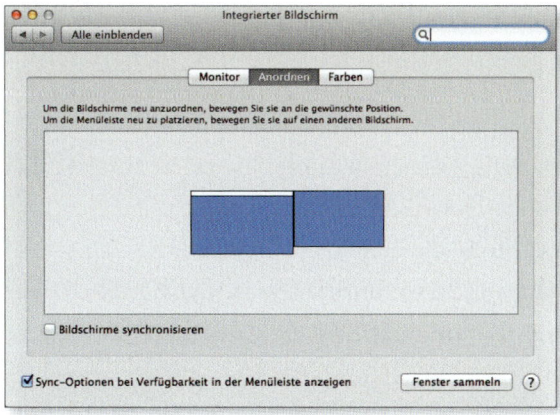

Wird der Bildschirminhalt nicht mehr synchronisiert, können Sie Ihre Präsentation über den Beamer ausgeben, während Sie am Rechner die Präsentation steuern.

Von nun an können Sie Beamer und Computer getrennt voneinander anzeigen lassen. Die Menüleiste sollten Sie auf den Monitor des Präsentationsrechners gelegt lassen.

Jetzt wird künftig die Präsentation über den Beamer abgespielt und Sie erhalten Ihre Ansicht auf dem Rechner.

Über einen Beamer ausgegeben fungiert das MacBook Pro als Moderatorwerkzeug mit vielen Anzeigemöglichkeiten.

Rechts oben auf dem Display des Notebooks haben Sie auch noch die Möglichkeit, sich nützliche Tastenkürzel anzeigen zu lassen, die Moderatorwerkzeuge zu definieren (dazu gleich mehr) oder über das Pfeilsymbol die Anzeige zu tauschen. Dann erscheint die Präsentation auf dem Computer und die Oberfläche des Rechners über den Beamer.

Tastenkürzel helfen dabei, Keynote schnell und einfach zu steuern.

Der Moderatormonitor

Wenn Sie Ihren Rechner an einen Beamer anschließen und somit die Wiedergabe nicht über das Display des Rechners läuft, können Sie Ihren Computer als Moderatormonitor nutzen. Dann haben Sie die Möglichkeit, für sich Notizen einzutragen oder schon mal einen Blick auf die nächste Folie zu werfen, damit Sie schon bei Erscheinen der neuen Folie wissen, was Sie dazu sagen möchten.

 Wenn Sie sehen möchten, wie Ihre Präsentation später auf dem Rechner aussehen wird, wenn Sie sie über einen Beamer ausgeben, können Sie das auch ohne angeschlossenen Beamer simulieren. Wählen Sie dazu im Menü **Vorführen** den Punkt **Präsentation testen**.

In den Moderatorwerkzeugen legen Sie fest, was während der Wiedergabe angezeigt wird.

Hier haben Sie neben der Anzeige der aktuellen und jeweils nächsten Folie auch die Wahl zwischen Moderatornotizen, der Uhrzeit und einem Timer.

 Der Timer kann entweder die verstrichene Zeit oder die noch verbleibende anzeigen. Geben Sie im zweiten Fall einfach eine Dauer ein und Sie sehen immer genau, wie viel Zeit Ihnen noch bleibt.

Keynote per iOS-Gerät fernsteuern

Wenn Sie Keynote für iPhone oder iPad installiert haben, können Sie über das mobile Gerät eine Präsentation auf dem Mac fernsteuern. Das hat den Vorteil, dass Sie dann nicht am Rechner sitzen bleiben müssen, sondern sich im Raum bewegen können. Die Voraussetzung dafür ist allerdings, dass sich beide Geräte im selben WLAN befinden. Und an beiden Geräten muss Keynote gestartet sein.

Mit Keynote auf dem iPhone oder iPad steuern Sie auf Wunsch Keynote auf dem Mac fern.

Fernsteuerung einrichten

Zunächst starten Sie Keynote auf dem iPhone oder iPad. In der Übersicht aller verfügbaren Präsentationen finden Sie am oberen Rand das Remotesymbol.

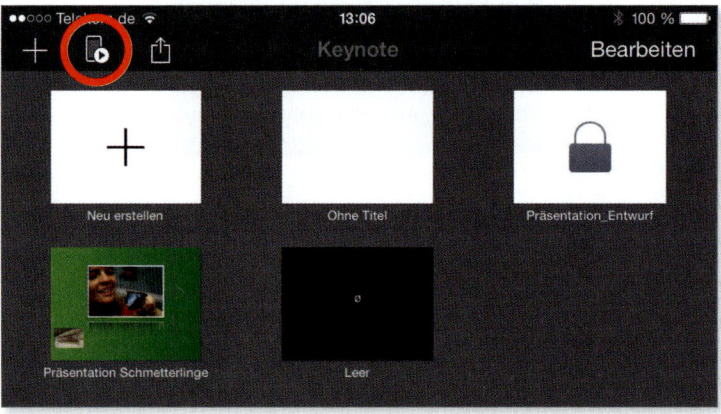

Klicken Sie auf dem mobilen Gerät auf das Remotesymbol.

Wenn das erledigt ist, können Sie das mobile Gerät auf dem Mac registrieren. Rufen Sie dazu in Keynote auf dem Mac die Einstellungen auf. Die erreichen Sie entweder mit *cmd + . (Punkt)* oder mit *Keynote –> Einstellungen*. Klicken Sie dann *Remotes* an. Dort finden Sie Ihr iPhone/iPad und können es mit *Verknüpfen* auswählen.

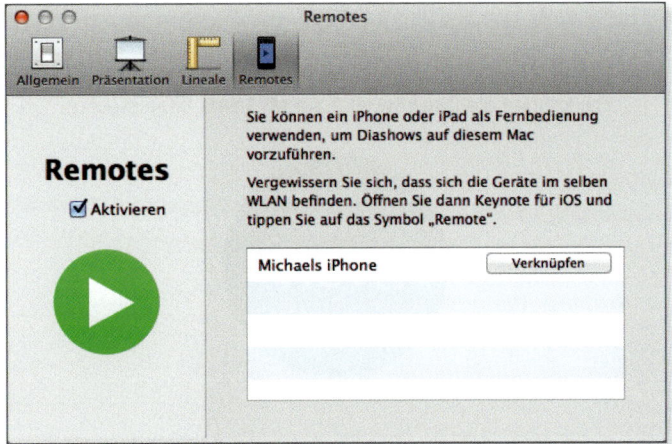

Verknüpfen Sie nun das mobile Gerät über die entsprechende Taste.

Zur Sicherheit bekommen Sie nun an beiden Geräten einen Code angezeigt. Damit wird verhindert, dass sich irrtümlich die falschen Geräte verknüpfen, weil zwei Personen zur selben Zeit das Prozedere durchführen.

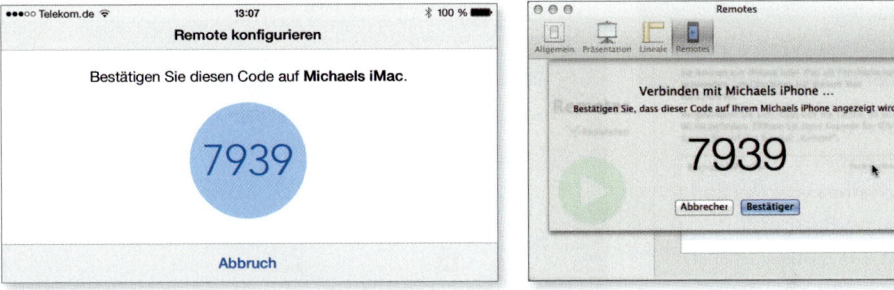

Wenn Sie denselben Code wie auf dem iOS-Gerät (links) auch auf dem Mac sehen (rechts), bestätigen Sie diese Tatsache.

Nach erfolgreicher Verknüpfung lässt sich die Präsentation auf dem iOS-Gerät starten. *Fertig* bringt Sie wieder zurück, *Geräte* ermöglicht es Ihnen, eine neue Verbindung herzustellen. Mit *Add a Device* starten Sie den eben durchgeführten Vorgang erneut, um ein weiteres Gerät hinzuzufügen.

Tippen Sie auf die Schaltfläche, um die Präsentation auf dem Mac zu starten.

Keynote Remote funktioniert im Hoch- und im Querformat.

Durch Wischen und Tippen navigieren Sie zwischen den Folien hin und her und starten Animationen.

Keynote Remote anpassen

Über die Layoutfunktionen stellen Sie noch ein, was Sie auf dem Display des mobilen Geräts sehen möchten. Im Hochformat gibt es nur eine Einstellung, im Querformat sind Sie deutlich flexibler.

Stellen Sie auf dem mobilen Gerät in den „Layoutfunktionen" ein, was Sie angezeigt bekommen möchten.

Möchten Sie die Fernsteuerung über mobile Geräte komplett deaktivieren, entfernen Sie in den Einstellungen von Keynote auf dem Mac das Häkchen vor **Aktivieren**. Möchten Sie nur ein bestimmtes Gerät nicht länger autorisieren, klicken Sie im rechten Bereich neben dem betreffenden Gerät auf **Trennen**.

Präsentationen mit anderen teilen

Jetzt ist es endlich so weit. Nach stundenlangem Einfügen von Inhalten, dem Einsatz von Animationen und all den anderen feinen Funktionen, die Keynote Ihnen bietet, ist die Präsentation endlich fertig. Vermutlich möchten Sie einem ausgewählten Personenkreis zeigen, was Sie erschaffen haben. Sie können natürlich die reine Datei versenden. Dann muss der Empfänger aber auch Keynote installiert haben, um sie anzusehen oder abzuspielen. Das mag unter Umständen ein guter Weg sein, sehr häufig sollten Sie aber einen anderen beschreiten: die Freigabe über die iCloud.

Klicken Sie auf *Bereitstellen –> Link via iCloud bereitstellen*. Wählen Sie dann aus, auf welchem Wege Sie die Präsentation (oder besser: den Link dazu) versenden möchten. Zur Auswahl stehen *E-Mail*, *Nachrichten*, *Twitter*, *Facebook*, *Link kopieren*.

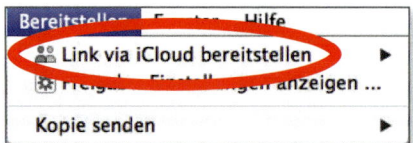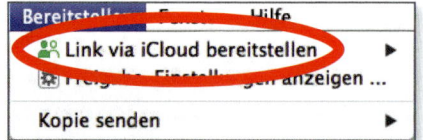

Ob eine Präsentation bereits in der iCloud verfügbar ist, erkennen Sie daran, ob das Personensymbol farbig ist oder nicht. Ist es farbig, ist die Präsentation bereits online.

Ist die Präsentation online verfügbar, erhalten Sie je nach Wahl eine neue E-Mail mit eingefügtem Link, eine neue iMessage-Nachricht und so weiter.

Über das „Bereitstellen"-Menü lässt sich sehr einfach der iCloud-Link zur Präsentation verteilen.

Folgt der Empfänger dann diesem Link, landet er in der Keynote-Funktion von iCloud. Dort kann er die Präsentation nicht nur abspielen. Er ist auch in der Lage, in gewissem Rahmen Änderungen vorzunehmen.

Die freigegebene Präsentation kann dann per iCloud angesehen, abgespielt und geändert werden.

Freigabe-Einstellungen anzeigen und ändern

Die Einstellungen zur Freigabe finden Sie unter *Bereitstellen –> Freigabe-Einstellungen anzeigen ...* Wenn Sie dieses Fenster öffnen, haben Sie unterschiedliche Möglichkeiten:

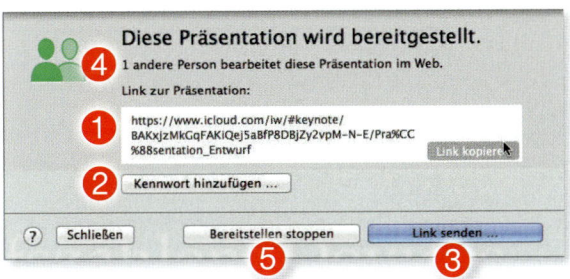

Die Freigabe-Einstellungen von Keynote.

❶ Zuerst einmal der *Link zur Präsentation*. Wenn Sie mit der Maus über das Adressfeld fahren, erhalten Sie eine Schaltfläche, mit der Sie den *Link kopieren* können.

❷ Wenn die Präsentation einmal in der iCloud ist, kann jeder, der den Link kennt, darauf zugreifen. Möchten Sie einen Passwortschutz einrichten, klicken Sie auf *Kennwort hinzufügen ...*

❸ *Link senden ...* lässt Ihnen dann wieder die Wahl zwischen *E-Mail*, *Nachrichten*, *Twitter* und *Facebook*.

❹ Arbeitet gerade jemand online an Ihrer Präsentation, sehen Sie das im oberen Bereich.

❺ Möchten Sie, dass Ihre Präsentation nicht mehr online verfügbar ist, klicken Sie auf *Bereitstellen stoppen*.

Wenn Sie die Bereitstellung stoppen, macht Keynote umgehend kurzen Prozess mit eventuell noch eingeloggten Personen.

Schließen bringt Sie wieder zurück.

 Wenn Sie in die Freigabe-Einstellungen gehen und die Präsentation zu diesem Zeitpunkt noch nicht in der iCloud freigegeben ist, können Sie das gleich an dieser Stelle nachholen.

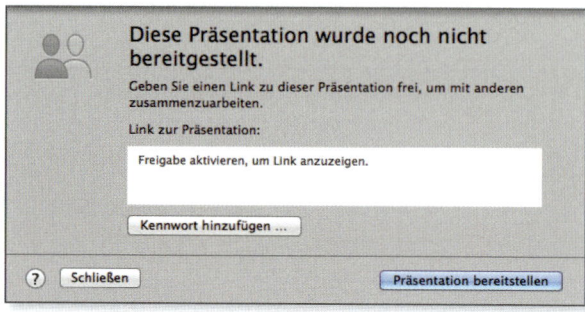

Klicken Sie auf „Präsentation bereitstellen", um sie zur Freigabe in die iCloud zu stellen.

Import- und Exportmöglichkeiten von Keynote

In der Regel ist es so, dass der Vortragende seinen Rechner aufstellt oder mit einem Beamer verbindet und seine Präsentation vorträgt. Sie haben bisher auch gelernt, dass man eine Präsentation aufzeichnen kann. Dann ist es nicht erforderlich, dass man sich bei der Wiedergabe mit im Raum befindet. Die Zuschauer sehen dann die Präsentation und hören dazu den zuvor aufgezeichneten Vortrag. Dafür ist aber dann auch ein Rechner mit Keynote erforderlich. Auch sinnvoll: die Freigabe über die iCloud.

Sie können eine Keynote-Präsentation aber auch aus Keynote heraus exportieren. Dann lässt sie sich je nach Exportformat mit einem anderen Programm aufrufen. Dazu haben Sie mehrere Möglichkeiten.

Rufen Sie im Menü *Ablage* den Punkt *Exportieren zu ...* auf und wählen Sie dann eine der angebotenen Möglichkeiten.

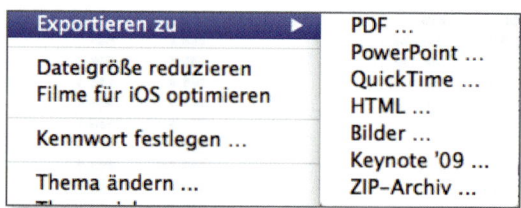

Keynote bietet eine Vielzahl von Exportmöglichkeiten an.

Diese erste Auswahl aus dem **Ablage**-Menü heraus hätte sich Apple an sich sparen können. Sie landen bei jeder Option sowieso in einem gemeinsamen **Export**-Fenster, in dem Sie mit nur einem Klick auch alle anderen als die zunächst gewählte Option aufrufen können.

Nach der Formatwahl erscheint das eigentliche Export-Fenster.

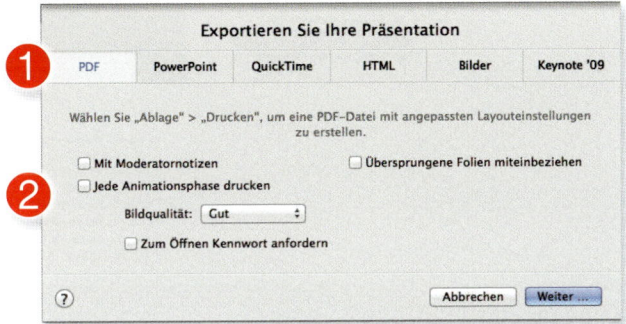

Im Export-Fenster haben Sie die Möglichkeit, das Format nachträglich noch zu ändern.

❶ In der Leiste ganz oben rufen Sie die jeweiligen Unterfenster für das entsprechende Format auf.

❷ Im Bereich darunter finden Sie all die Einstellungen, die Keynote zu diesem Exportformat anbietet. Exportieren Sie ein *PDF*, können Sie festlegen, ob die Moderatornotizen mit in das PDF sollen, ob Sie übersprungene Folien dennoch mit exportieren möchten und welche Qualität das PDF am Ende haben soll.

Bei all den anderen Formaten gibt es deutlich weniger Einstellungsmöglichkeiten. *PowerPoint* und *Keynote '09* erlauben lediglich die Vergabe eines Kennworts zum Öffnen der Datei. Bei *QuickTime* können Sie neben der Qualität noch auswählen, ob die Präsentation selbst ablaufen soll oder ob Sie eine eventuell vorhandene Aufzeichnung exportieren möchten. *Bilder* ermöglicht es Ihnen, alle oder ausgewählte Folien zu exportieren und auch hier gibt es bessere und geringere Qualität. Bei *HTML* können Sie überhaupt nichts einstellen.

 Beachten Sie beim Export, dass eine höhere Qualität bei den Optionen **PDF**, **QuickTime** und **Bilder** immer mit einer größeren Datei einhergeht. Kommt es Ihnen also auf die Dateigröße an, machen Sie verschiedene Durchläufe und reduzieren Sie gegebenenfalls die Qualität, wenn die Datei zu groß wird.

Wenn Sie Ihre Auswahl getroffen haben, klicken Sie auf *Weiter*. Geben Sie dann im nächsten Schritt einen Dateinamen an (*Sichern unter:*), vergeben Sie wenn gewünscht *Tags* und legen Sie fest, wo die Datei gespeichert werden soll (*Ort:*). *Exportieren* startet dann den Vorgang.

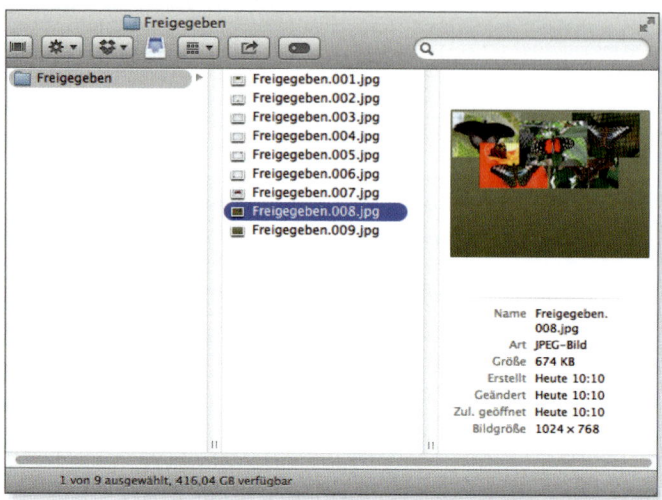

Beim Bilderexport kopiert Keynote jede Folie als Bild in einen extra Ordner.

Wenn Sie eine Keynote-Präsentation nach PowerPoint exportieren, erhalten Sie am Ende des Exportvorgangs eine Meldung, wenn irgendetwas nicht übernommen werden konnte. Eine Präsentationsaufzeichnung beispielsweise wird von PowerPoint nicht unterstützt.

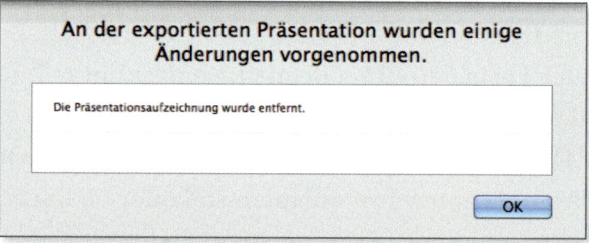

Die Aufzeichnung der Präsentation wird nicht für PowerPoint exportiert.

 Bei den Animationen werden Sie nach einem Export nach PowerPoint auch feststellen, dass diese dort nicht immer so gut aussehen wie in Keynote. Das hat den einfachen Grund, dass beispielsweise **Zauberei** von PowerPoint nicht unterstützt wird. PowerPoint blendet die Elemente dann lediglich auf der ersten Folie aus und auf der nächsten wieder ein – das Ergebnis ist nicht annähernd so schön wie auf dem Mac.

PowerPoint-Präsentationen importieren

Auch anders herum ist es möglich. Haben Sie eine PowerPoint-Präsentation vorliegen und möchten Sie sie auf dem Mac wiedergeben, lässt sich diese Datei schnell und einfach importieren. Rufen Sie dazu einfach den *Öffnen ...*-Dialog im Menü *Ablage* auf und wählen Sie die Datei unter *Lokal* aus.

Über die Versionsnummern müssen Sie sich in der Regel keine Sorgen machen. Jede halbwegs aktuelle PowerPoint-Datei, die unter Windows oder OS X erstellt wurde, kann von Keynote eingelesen werden.

Auch hier gilt, dass PowerPoint viele Keynote-Funktionen nicht unterstützt. Sie können die importierte Präsentation sofort bearbeiten und dann auf dem Mac auch auf all die schönen Dinge, wie beispielsweise die Animation *Zauberei*, zugreifen. Haben Sie also ein wenig Zeit, peppen Sie die Präsentation auf. Keynote gibt Ihnen dazu ja eine Vielzahl von einfachen, aber effektvollen Werkzeugen an die Hand.

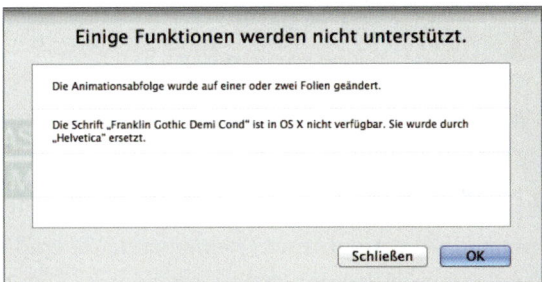

Was von PowerPoint aus nicht importiert werden kann, darüber informiert die entsprechende Meldung.

Die Einstellungen von Keynote

Wenn Sie die Einstellungen über *Keynote -> Einstellungen* oder *cmd + ,* (Komma) öffnen, erhalten Sie Zugriff auf die Rubriken *Allgemein*, *Präsentation* und *Lineale*.

Allgemein

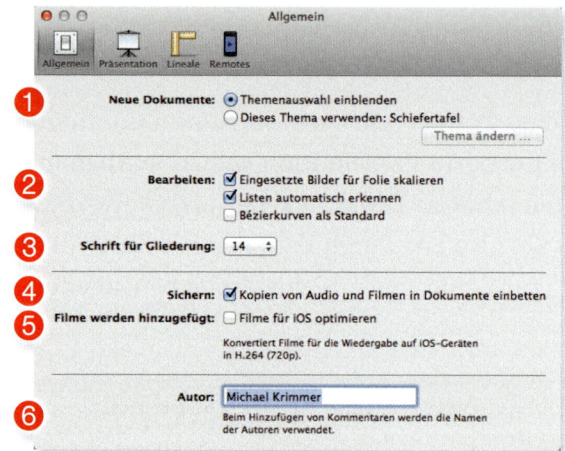

Im ersten Bereich der Einstellungen geht es um grundsätzliche Dinge.

❶ *Neue Dokumente*: Hier legen Sie fest, ob Sie bei einer neuen Präsentation erst ein Thema auswählen möchten (*Themenauswahl einblenden*) oder ob Sie immer gleich mit einem bestimmten Thema beginnen möchten (*Dieses Thema verwenden*:).

❷ *Bearbeiten*: Aktivieren Sie *Eingesetzte Bilder für Folie skalieren*, werden neue Bilder so angepasst, dass sie bereist grob zur Foliengröße passen. Ansonsten kann es passieren, dass ein sehr großes Bild zunächst nur zu einem Bruchteil zu sehen ist und erst mühsam verkleinert werden muss.

Listen automatisch erkennen sorgt dafür, dass Listen im Text automatisch entsprechend formatiert werden. Ansonsten werden gleichmäßige Kurven verwenden.

Bézierkurven als Standard: Ist diese Option aktiv, verwendet Keynote standardmäßig Bézierkurven.

❸ *Schrift für Gliederung*: In der Gliederungsansicht erhalten Sie in der Spalte links die Inhalte der Folien angezeigt. Hier geben Sie an, wie groß die Schrift dafür sein soll.

❹ *Sichern*: Lassen Sie diese Option eingeschaltet, bettet Keynote die in die Folien eingefügten Medien direkt in die Präsentation ein. Das macht eine Weitergabe einfacher, weil dann bereits alles in der Präsentation vorhanden ist, was zur Wiedergabe benötigt wird.

❺ *Filme werden hinzugefügt*: Über diese Einstellung weisen Sie Keynote an, dass Videos in das für iOS-Geräte optimale Format (H.264 in 720p) konvertiert werden. Das dauert etwas länger, bringt aber eine bessere Videoqualität auf mobilen Apple-Geräten mit sich.

❻ *Autor:* Und hier geben Sie den Namen an, der mit den Kommentaren gespeichert wird. So können andere auf Anhieb erkennen, wer einen Kommentar verfasst hat.

Präsentation

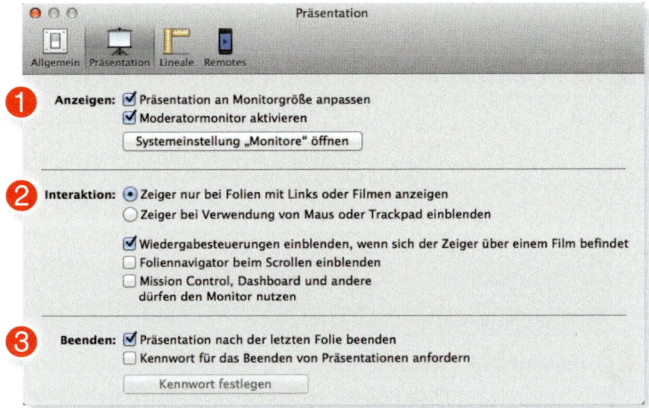

Die Präsentation betreffende Dinge regeln Sie hier.

❶ *Anzeigen:* Der erste Punkt sorgt dafür, dass Präsentationen immer so angepasst werden, dass sie auf dem für die Vorführung genutzten Monitor optimal aussehen. Gleich darunter können Sie den *Moderatormonitor aktivieren*, der es Ihnen ermöglicht, wichtige Werkzeuge für die Wiedergabe der Präsentation anzuzeigen. Weitere Infos dazu finden Sie im Abschnitt „Der Moderatormonitor".

❷ *Interaktion:* Die ersten beiden Punkte können nur einzeln aktiviert werden. Mit der ersten Option ist ein Mauszeiger nur dann sichtbar, wenn es auf der Folie etwas zu klicken gibt. Das sind Links oder Videos. Ansonsten bleibt der Mauszeiger ausgeblendet. Punkt 2 sorgt dafür, dass der Mauszeiger zunächst ausgeblendet ist. Wenn Sie aber die Maus bewegen oder den Finger über das Trackpad bewegen, wird der Zeiger eingeblendet.

Lassen Sie sich die *Wiedergabesteuerung einblenden*, so bekommen Sie bei Videos Play- und Pausetasten, eine Zeitleiste und einen Lautstärkeregler eingeblendet, wenn Sie mit der Maus über den Film fahren.

Foliennavigator beim Scrollen einblenden: Ist dieser Punkt aktiv und scrollen Sie mit dem Mausrad horizontal, wird im linken Bereich der Präsentation der Foliennavigator zur Orientierung eingeblendet.

Und der letzte Punkt im Bereich Interaktion bestimmt, ob während einer Widergabe Mission Control, das Dashboard und andere Funktionen den Monitor zur Anzeige nutzen dürfen. Deaktivieren Sie diesen Punkt, bleibt ein entsprechender Tastendruck ohne Wirkung und die Präsentation bleibt auf dem Bildschirm.

❸ *Beenden:* Hier stellen Sie ein, ob die Präsentation nach der letzten Folie beendet werden soll. Ansonsten bleibt die Präsentation bei der letzten Folie stehen. Außerdem lässt sich ein Kennwort für das Beenden von Präsentationen festlegen. Geben Sie dann im nächsten Schritt das Kennwort zwei Mal ein und wählen Sie *Kennwort festlegen*. Danach ändert sich die Schaltfläche in *Kennwort ändern*.

Lineale

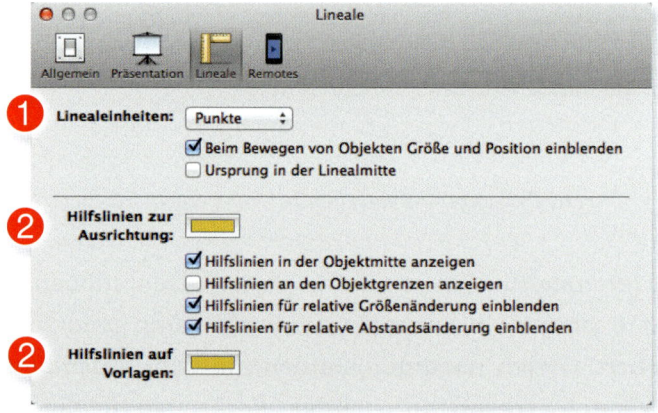

Die Lineale passen Sie im gleichnamigen Bereich der Einstellungen an.

In diesem Menü legen Sie das Verhalten und das Erscheinungsbild der Lineale fest. Sie bestimmen die *Linealeinheiten* ❶ und stellen die Farben für *Hilfslinien* ein ❷. Außerdem gibt es noch eine Vielzahl an Optionen, die Sie bei der perfekten Ausrichtung von Elementen unterstützen.

Tipps und Tricks zu Keynote

An dieser Stelle sind Sie mit den Möglichkeiten vertraut, die Ihnen Keynote bietet. Sie können Elemente einbauen und modifizieren, mit Text und Medien arbeiten, Animationen einbauen und vieles mehr. Selbst der Export und Import von Präsentationsdaten ist Ihnen nun nicht mehr fremd.

Aber dennoch gibt es noch ein paar Dinge, die man bei der Erstellung einer Präsentation und deren Wiedergabe beachten sollte. An dieser Stelle ein paar Tipps, die Ihnen helfen könnten:

Keynote im Vollbild

Wie viele andere Anwendungen auch lässt sich Keynote im Vollbildmodus betreiben. Das ist sehr praktisch, weil in dieser Ansicht keine anderen Fenster von OS X stören. Um in diese Ansicht zu wechseln, haben Sie zwei Möglichkeiten: Entweder Sie klicken im Menü *Darstellung* auf *Vollbild ein*, oder Sie wählen die Tastenkombination *ctrl + cmd + F*.

Dieser Pfeil bringt Sie wie bei vielen anderen OS X-Anwendungen zum Vollbildmodus.

Mit der *esc*-Taste beenden Sie den Vollbildmodus wieder. Oder Sie bewegen den Cursor ganz nach rechts oben in die Ecke und klicken erneut auf das (dann blau hinterlegte) Pfeilsymbol.

Unterschiedliche Darstellungen nutzen

Die klassische Keynote-Darstellung mit Folienübersicht links, Folie in der Mitte und Optionen rechts bringt Sie sicherlich häufig ans Ziel. Wenn Sie aber einmal eine andere Sicht auf Ihre Folien werfen möchten, hilft Ihnen das Menü *Darstellung –> Navigator, Nur Folie, Leuchttisch, Gliederung* weiter.

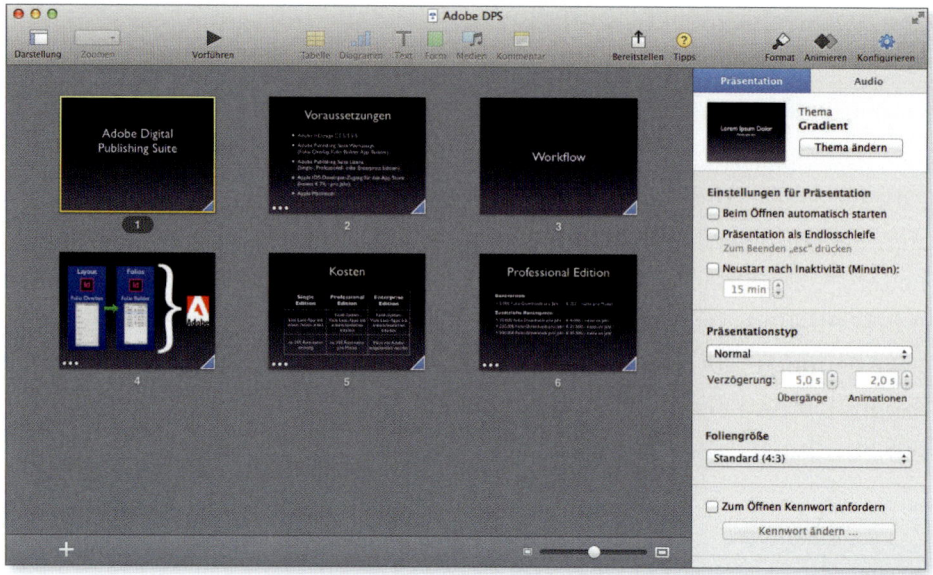

Der Leuchttisch zeigt alle Folien unter- und nebeneinander an. Ganz unten fügen Sie neue Folien hinzu oder passen die Größe der Vorschaubilder an.

In der iCloud speichern – Backup und überall verfügbar

Das Speichern in der iCloud bringt viele Vorteile: Zum einen können Sie ganz einfach mit mehreren Geräten an Ihren Präsentationen arbeiten. Sie haben außerdem die Möglichkeit, die Präsentation schnell und einfach mit anderen zu teilen, wenn Sie sie in der iCloud freigeben.

Aber es gibt noch einen weiteren Aspekt: Sie müssen sich keine Sorgen machen, dass Sie die Datei versehentlich auf Ihrem Mac löschen. Selbst wenn der Mac einmal völlig kaputtgehen sollte, die Präsentation ist trotzdem noch in der iCloud verfügbar und kann an einem anderen Gerät oder sogar in der iCloud selbst bearbeitet werden.

Präsentation drucken und PDF erstellen

Über *Ablage –> Drucken* (oder *cmd + P*) können Sie Ihre Präsentation natürlich auch auf Papier ausdrucken. Das nimmt den Inhalten natürlich alles Interaktive, aber wenn es nicht anders geht, ist es eine hilfreiche Möglichkeit. Wie vom Druckdialog von Mac-Programmen gewohnt, lässt sich hier auch ein PDF erstellen. Oder Sie exportieren die Präsentation über *Ablage –> Exportieren zu ...* Dort finden Sie neben PDF noch weitere Formate.

Foliennummern eintragen

Nummerieren Sie Ihre Folien durch, wenn Ihnen das bei der Organisation hilft. Um jeder Folie automatisch eine Nummer zu geben, klicken Sie auf *Folie –> Foliennummern auf allen Folien einblenden*. Haben Sie die Nummer eingeblendet, macht *Folie –> Foliennummern auf allen Folien ausblenden* die Einstellung wieder rückgängig.

Sparsam mit Schriftarten, Farben, Text und Effekten umgehen

Auch wenn Keynote viel kann, müssen Sie nicht alles auf einmal nutzen. Es gibt nichts Schlimmeres als Präsentationen, die vollgestopft sind mit Text in unterschiedlichen Schriftarten, Bildern, Farben und Animationen. Wenn es nur noch so schreit, kann man den Inhalten selten noch folgen. Sparen Sie also mit Inhalten und Effekten. Beschränken Sie sich auf das Wesentliche und erzählen Sie lieber ein wenig mehr dazu. Das bringt Ihnen den Dialog mit Ihren Zuhörern und den Zuhörern erleichtert es die Informationsaufnahme.

Mit Bildern arbeiten

Es gibt Leute, die haben auf jeder Folie nur ein einziges Bild. Alles andere erzählen sie dazu. Das hat den Vorteil, dass sich die Zuschauer auf das Bild konzentrieren und es so in Erinnerung bleibt. Das mag ein extremes Beispiel sein. Es zeigt aber, dass eine Präsentation der Fall ist, bei dem weniger doch mehr sein kann.

Fortschritt bei Audio erkennen

Man sieht es schlecht. Aber wenn Sie in eine Folie ein Musikstück einbinden und auf das Wiedergabesymbol klicken, füllt sich nach einer kurzen Zeit der Kreis um das Symbol herum. So können Sie erkennen, wie weit das Lied schon abgespielt ist.

Dieses Lied ist zu etwa einem Drittel abgespielt.

Copy and Paste zwischen Folien

Inhalte müssen nicht immer neu erstellt werden. Benötigen Sie etwas aus einer früheren Folie noch einmal, nutzen Sie die Zwischenablage. Kopieren Sie ein Bild, Text oder eine Form und fügen Sie den Zwischenablageinhalt an anderer Stelle wieder ein. In der Regel dauert die Anpassung eines kopierten Inhalts nicht so lange wie das erneute Erstellen.

Kopieren zwischen Präsentationen

Sie können eine Folie der einen Präsentation aus der Folienübersicht links mit der Maus greifen und in die Leiste mit den Folien einer anderen Präsentation ziehen. So kopieren Sie die ausgewählte Folie und sie ist danach in beiden Präsentationen verfügbar.

Kopieren Sie nur sich selbst

Der Rat zum Kopieren von Inhalten bezieht sich dabei natürlich nur auf Ihr eigenes geistiges Eigentum. Sich an Texten, Bildern und weiteren Dingen von anderen zu bedienen, ist Diebstahl und wird im kommerziellen Bereich auch als solcher geahndet.

Nur weil die Google-Bildersuche schnell und einfach passendes Bildmaterial aufstöbert, bedeutet das noch lange nicht, dass es jeder auch für die eigenen Zwecke benutzen darf. Nutzen Sie da lieber andere Quellen wie Fotolia.de oder pixelio.de.

Mathematische Formeln einfügen

Keynote kann nicht alles. Wenn Sie beispielsweise mathematische Formeln einfügen möchten, wird Keynote selbst in diesem Punkt kein allzu guter Partner sein. Nutzen Sie stattdessen andere Lösungen wie beispielsweise TeXShop, MathType oder LaTeXiT. Auch das bei neueren Macs vorinstallierte Grapher, das Sie im Unterordner *Dienstprogramme* des *Programme*-Ordners finden, kann genutzt werden. Über *Bearbeiten –> Kopieren als* finden Sie Formate, die Keynote unterstützt.

Sobald MathType installiert ist, lässt sich in Keynote der Menübefehl **Einfügen –>
MathType-Gleichung nutzen.

Aktionen widerrufen oder wiederholen

Zwei ganz wichtige Themen beim Erstellen von Präsentationen sind *Widerrufen*
(*cmd + Z*) und *Wiederholen* (*shift + cmd + Z*), die Sie beide im Menü *Bearbeiten* finden. Ein Beispiel: Sie haben einen Pfeil eingebaut, den Sie ganz massiv verdreht
haben. Nun können Sie natürlich manuell wieder den richtigen Winkel einstellen, bis der Pfeil wieder in die vorherige Richtung zeigt. *Widerrufen* dagegen
macht die letzte Aktion sofort rückgängig. Finden Sie die geänderte Position
doch besser, *Wiederholen* Sie den Vorgang einfach mit einem Tastendruck.

Die Rechtschreibung in Keynote

Keynote unterstützt Sie während der Eingabe von Text mit einer integrierten
Rechtschreibprüfung. Sie haben dabei die Möglichkeit, auch Prüfungen zu for-
cieren oder auf Wunsch auch zu deaktivieren. Alle dafür erforderlichen Einstellungen finden Sie unter *Bearbeiten –> Rechtschreibung und Grammatik*.

Ein permanent eingeblendetes Fenster für Rechtschreibung und Grammatik
bekommen Sie, wenn Sie *Rechtschreibung und Grammatik einblenden* anklicken oder
shift + cmd + . (Punkt) drücken.

Eine sofortige Rechtschreibprüfung starten Sie entweder mit einem Klick auf
Dokument jetzt prüfen oder über *shift + cmd + ,* (Komma).

Ersetzungen anpassen

Auch Ersetzungen werden automatisch vorgenommen, wenn Keynote einen besseren Vorschlag hat, beispielsweise für Anführungszeichen. Wann Keynote was
macht, können Sie unter *Bearbeiten –> Ersetzungen* einsehen. Legen Sie hier fest,
was ersetzt werden soll und was nicht. Möchten Sie die Ersetzungen ständig im
Blick haben, wählen Sie *Ersetzungen einblenden* aus.

Suchen und Ersetzen

Mal angenommen, Sie stellen in einer sehr späten Phase eines Projekts fest, dass ein Produktname anders geschrieben werden muss. Nur dumm, dass sich dieser Name bereits gefühlte 25.000 Mal an den verschiedenen Stellen in Ihrer Präsentation befindet.

Bevor Sie nun in Folie 1 anfangen, das alles manuell zu ändern, drücken Sie doch mal *cmd + F*. Geben Sie oben das zu suchende Wort ein (rechts daneben meldet Keynote die Anzahl der Treffer) und unten das Wort, das an dessen Stelle verwendet werden soll. Das Zahnrad daneben liefert Ihnen noch weitere Optionen.

Jetzt können Sie mit den Pfeiltasten alle Fundstellen durchklicken und diesen einen Treffer ersetzen. Damit sehen Sie dann noch, wie sich die Änderung ausgewirkt hat. *Ersetzen und Suchen* macht dasselbe, bringt Sie nur automatisch zur nächsten Fundstelle. Möchten Sie alles in einem Rutsch ändern, klicken Sie auf *Alles ersetzen*.

 Wenn Sie den **Ersetzen**-Part weglassen, können Sie in diesem Fenster auch einfach nur nach bestimmten Passagen suchen.

Die Präsentation an der richtigen Stelle starten

Wenn Sie eine nicht vorher aufgezeichnete Präsentation starten, beginnt Keynote mit der aktuell markierten Folie. Wenn Sie also in der Übersicht aller Folien eine Folie anklicken, fängt Keynote auch dort an.

Den Moderatormonitor nutzen

Wenn Sie sich dazu entscheiden, mehr mit Bildern und weniger mit Text zu arbeiten, sollten Sie zu Ihren Folien mehr sagen. Das heißt aber nicht, dass Sie sich alles merken müssen. Nutzen Sie den Moderatormonitor, den Sie unter *Darstellung –> Moderatornotizen einblenden* aktivieren (*Moderatornotizen* einblenden schaltet sie wieder aus). Geben Sie die Präsentation dann über einen Beamer wieder, sehen Sie auf Ihrem Rechner diese Notizen und können vermeintlich frei über die Inhalte auf der Folie sprechen.

1

Moderatornotizen helfen Ihnen dabei, mehr mit Bildern arbeiten zu können.

Die Zeit im Auge behalten

Fassen Sie sich (möglichst) kurz. Klar, Sie haben viel Zeit investiert, um mit Key-note eine schöne Präsentation zu erstellen. Und natürlich haben Sie auch viel zu sagen. Aber behalten Sie die Zeit im Auge. Halten Sie sich nicht 20 Minuten an einer Folie fest, wenn Sie hinterher noch 29 weitere Folien haben. Das ist für Sie ermüdend und am Ende wird Ihnen auch niemand mehr zuhören. Navigieren Sie stattdessen zügig durch die Folien und Sie können sicher sein, dass am Ende auch noch jemand zuhört.

Animationen auf einzelne Elemente anwenden

Sowohl bei Textaufzählungen als auch bei Diagrammen und Tabellen kann man das Publikum dadurch verblüffen, in dem man die Animationen auf einzelne Elemente statt auf das Gesamte anwenden lässt.

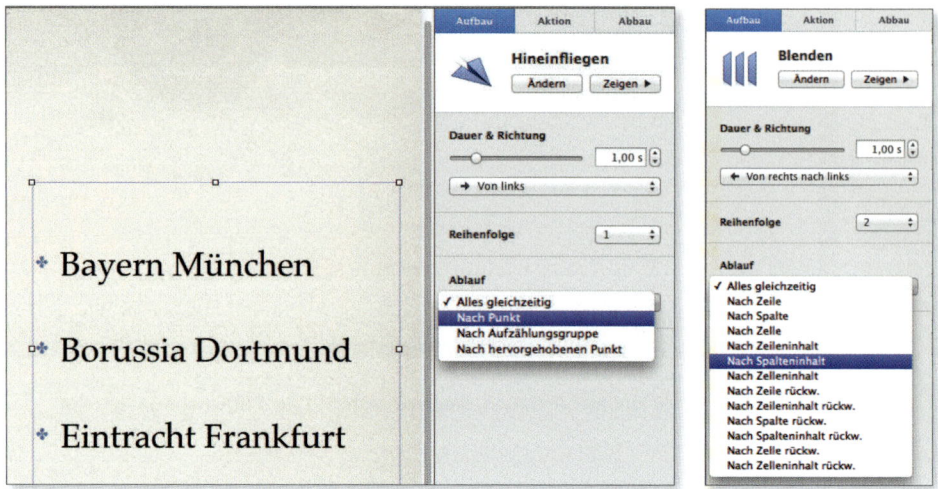

Aufzählungspunkte können einzeln (links) animiert werden. Noch viel mehr Funktionen stehen bei Tabellen zur Verfügung (rechts).

Auch Diagramme werden noch überzeugender präsentiert, wenn jedes Element einzeln animiert wird.

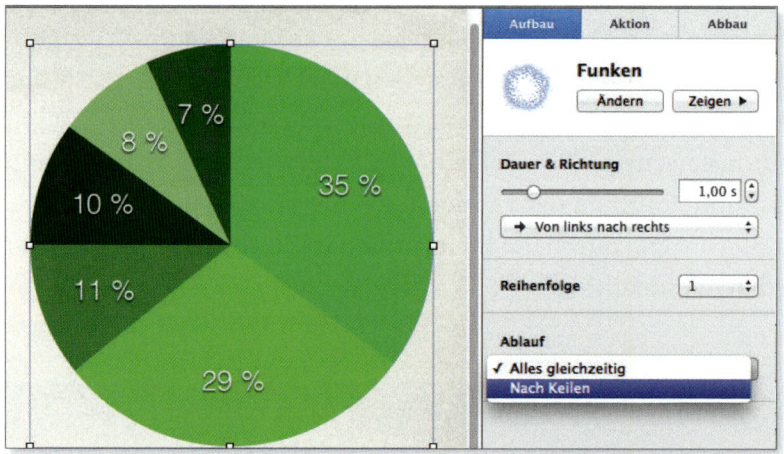

Jeder Keil eines Tortendiagrammes kann einzeln animiert werden.

Keynote auf dem iPad und iPhone

Möchten Sie Keynote auf dem iPad, iPhone oder iPod touch einsetzen, müssen Sie es zunächst auf dem jeweiligen iOS-Gerät installieren.

 Ein paar Worte zur Begrifflichkeit „iOS". So wird das Betriebssystem genannt, unter dem die mobilen Geräte von Apple laufen. Wie die Macs OS X als Betriebssystem haben, so ist es bei iPad, iPhone und iPod iOS. Im weiteren Verlauf werden wir nur noch von Keynote sprechen. Damit ist dann automatisch die iOS-Version gemeint. Ansonsten schreiben wir dazu, ob es sich um die Mac- oder die iCloud-Version handelt.

Keynote installieren und aktualisieren

Wie alle anderen Apps, die nicht bereits vorinstalliert sind, holen Sie sich Keynote aus dem App Store. Das können Sie direkt auf dem iPad, iPhone oder iPod touch machen. Oder Sie laden Keynote über iTunes und übertragen die App hinterher.

Keynote installieren

Wenn Sie im App Store nach „Keynote" suchen, erhalten Sie eine Vielzahl von Treffern. Dabei handelt es sich hauptsächlich um weitere Vorlagen oder sonstige Zusatzprogramme. Keynote selbst finden Sie an erster Stelle.

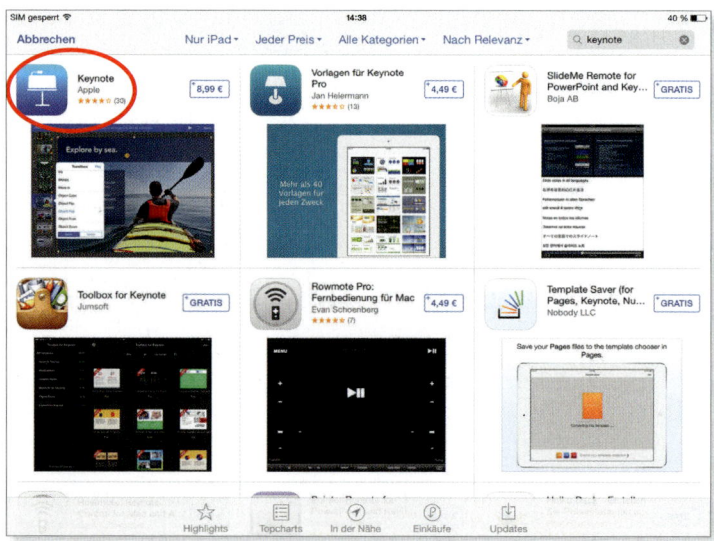

Sie laden Keynote am besten direkt über den App Store herunter. Dann befindet sich die App auch gleich auf dem mobilen Gerät.

 Die aktuelle Version von Keynote erfordert zwingend iOS 7.0 oder höher. Wenn Sie also noch eine ältere iOS-Version installiert haben (beispielsweise iOS 6), müssen Sie zunächst auf Version 7 updaten. Rufen Sie dazu **Einstellungen –> Allgemein –> Softwareaktualisierung** auf und folgen Sie den Anweisungen am Bildschirm.

Keynote aktualisieren

Wenn es ein Update für Keynote gibt, informiert Sie darüber der App Store. Sie finden das Update dann wie auch alle anderen Softwareaktualisierungen im Bereich *Updates*.

Die Kosten von Keynote

Im Screenshot oben sehen Sie, dass Apple 8,99 Euro für Keynote haben möchte. Das gilt aber nur dann, wenn Sie noch keine Vorversion von Keynote gekauft haben oder kein aktuelles iPad oder iPhone besitzen. Hatten Sie früher schon einmal Keynote gekauft oder ist Ihr iOS-Gerät nicht älter als September 2013, können Sie Keynote wie auch die beiden anderen iWork-Programme Pages und Numbers kostenfrei herunterladen.

Haben Sie Keynote früher schon einmal gekauft, können Sie es kostenfrei aus der iCloud laden.

Laden Sie also Keynote herunter, indem Sie auf die entsprechende Schaltfläche tippen. Daraufhin erscheint das Keynote-Icon auf einem Ihrer Home-Bildschirme.

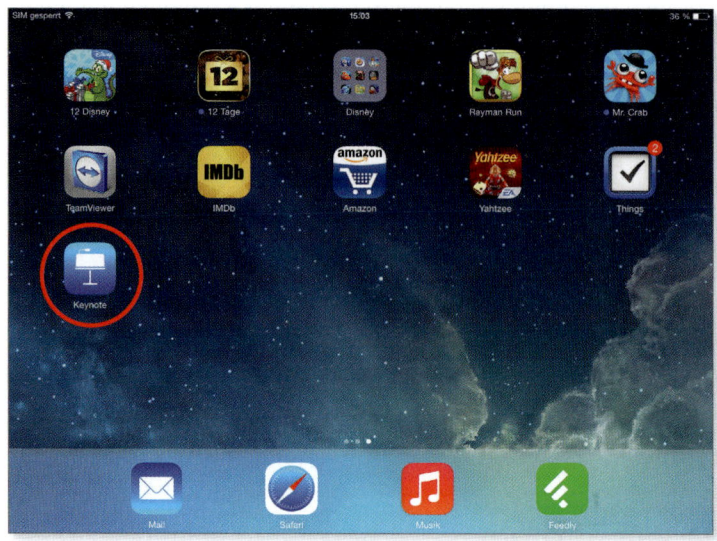

Keynote ist installiert und kann gestartet werden, indem Sie auf das Icon tippen.

 Wir werden im weiteren Verlauf Keynote auf dem iPad zeigen. Es funktioniert zwar analog auch auf iPhone und iPod touch, aufgrund des größeren Bildschirms des iPad arbeitet es sich daran aber angenehmer mit der App.

Keynote begrüßt Sie darauf mit den selbstbewussten Worten, die man schon von der OS X-Version auf dem Mac kennt.

Willkommen bei Keynote und viel Spaß mit Apples Präsentations-App.

Tippen Sie nun auf *Fortfahren*.

Keynote funktioniert nur im Querformat

Richtig gelesen: Keynote funktioniert nur im Querformat. Sie können das iPad noch so oft ins Hochformat drehen, Keynote wird das nicht mit einem Wechsel der Ausrichtung mitmachen.

Das ist aber in diesem Fall sinnvoll, weil man wohl nie in die Verlegenheit kommt, eine Präsentation für ein Ausgabegerät im Hochformat zu erstellen. Computermonitore sind nicht im Hochformat und auch moderne Fernsehgeräte und Projektoren geben das Bild im Querformat aus. Insofern ist das keine Einschränkung, die wehtut.

iCloud – ja oder nein?

Die erste Entscheidung, die Sie treffen müssen, ist folgende: Möchten Sie bei der Arbeit mit Keynote auf die iCloud zurückgreifen? Die Vorteile liegen auf der Hand: Sie können auf allen anderen Geräten, auf denen Sie Keynote installiert und die iCloud-Funktion aktiviert haben, automatisch auf alle von Ihnen in der iCloud abgelegten Präsentationen zugreifen.

Zu Beginn will Keynote wissen, ob Sie die iCloud als Speicher nutzen möchten.

Das ist nicht zwingend erforderlich. Aber auf dem iPad, iPhone oder iPod touch ist das Kopieren von Dateien nicht ganz so einfach wie auf dem Mac. Eine Präsentation auf USB-Stick hilft Ihnen unter iOS erst einmal nicht weiter. Beantworten Sie die Frage also je nach Ihren Wünschen mit *Verwenden* oder *Später*.

Wenn Sie sich für **Später** entscheiden, können Sie die iCloud-Funktion in den **Einstellungen** Ihres iPad unter **Keynote** nachträglich aktivieren.

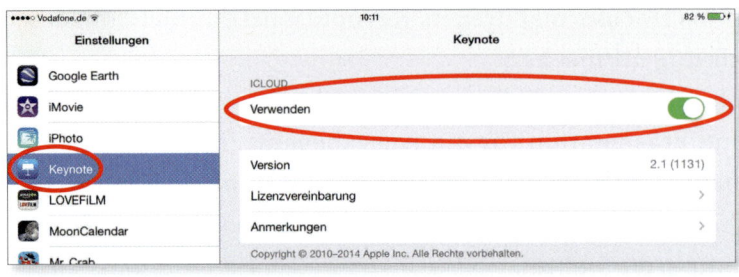

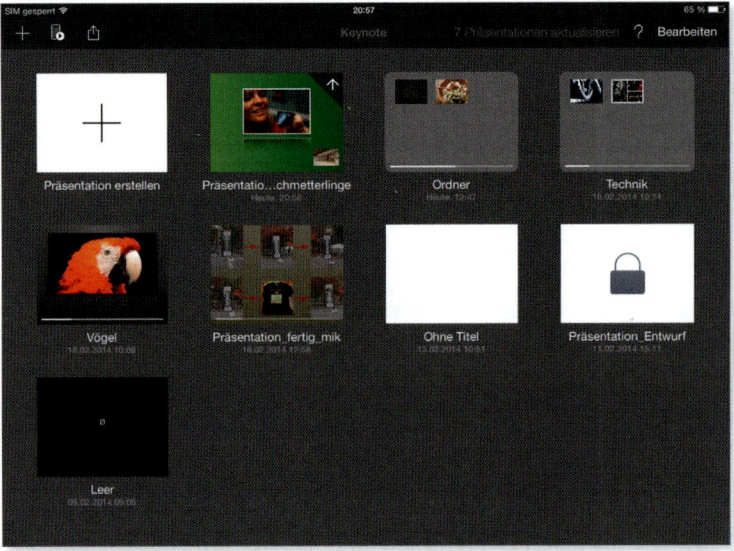

Aktivieren Sie nachträglich die Speicherung in der iCloud (links), beginnt Keynote sofort mit dem Abgleich der Daten (rechts).

Alternative Wege zum Austausch von Keynote-Dateien

Wenn Sie die iCloud nicht nutzen möchten, haben Sie dennoch andere Wege, wie Sie Präsentationen an das iOS-Gerät senden können: zunächst einmal per E-Mail und auch über iTunes.

Per E-Mail: iOS-Geräte können mit vielen Dateien umgehen, wenn sie per Mail ankommen. Und so ist es auch mit Keynote-Präsentationen. Zum einen ist Mail auch ohne installierte Keynote-App in der Lage, die Präsentation anzuzeigen. Tippen Sie dazu einfach auf das Symbol in der Mail.

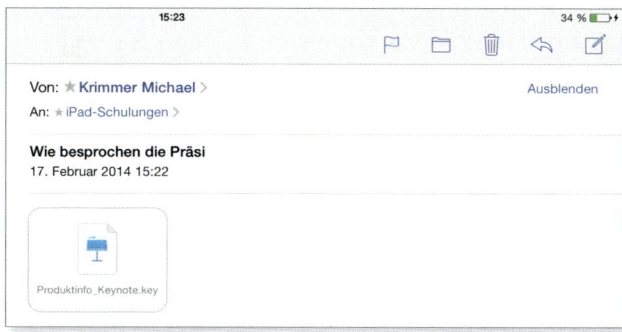

Tippen Sie nun auf die Datei, wird die Präsentation direkt in der Mail-App angezeigt.

Möchten Sie die Datei zur weiteren Bearbeitung in Keynote öffnen, tippen Sie ebenfalls auf die Datei, belassen Sie aber in diesem Fall den Finger auf dem Display, bis ein Menü erscheint.

Hier können Sie nun Keynote auswählen und die Datei darin öffnen.

Über iTunes: Auch iTunes bietet einen Weg, Dateien zwischen Rechner und iOS-Gerät auszutauschen. Dazu starten Sie *iTunes* und wählen das *iPad* aus. Klicken Sie dann in der Leiste oben auf *Apps*. Im Bereich weiter unten finden Sie dann die *Dateifreigabe*. Dort zeigt Ihnen iTunes alle Apps an, die den Austausch von Dateien erlauben.

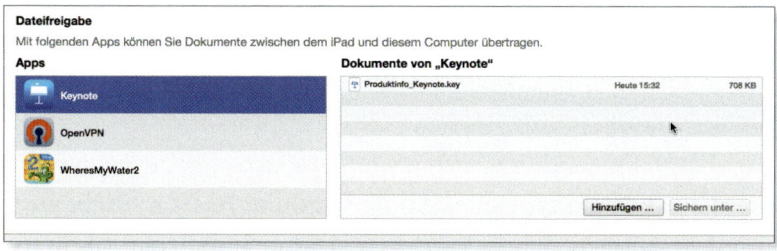

Die Dateifreigabe von iTunes ermöglicht den Austausch von Dateien mit auf dem iPad installierten Apps.

Um eine Datei auf das iPad zu kopieren, klicken Sie auf *Hinzufügen …* und wählen dann die Datei aus. Mit *Synchronisieren* laden Sie sie hoch. Um eine Datei vom iPad auf den Rechner zu laden, markieren Sie sie im Fenster *Dokumente von „Keynote"* und klicken dann auf *Sichern unter …*

 Wenn Sie über einen WebDAV-Server verfügen, können Sie auch darüber Daten mit Keynote austauschen. Wie das geht, erfahren Sie weiter hinten.

Nun aber zurück zu Keynote auf dem iPad:

Wenn Sie die Frage nach iCloud geklärt haben, zeigt Keynote noch, was es kann. *Keynote starten* bringt Sie zur (zunächst leeren) Oberfläche von Keynote, mit *Präsentation erstellen* landen Sie in der Themenauswahl.

Das sind die Highlights von Keynote.

Um Ihnen die Funktionsweise von Keynote zu zeigen, wählen wir *Keynote starten* aus.

Präsentationen erstellen oder öffnen

Keynote sieht aus wie ein typisches Apple-Produkt. Es ist schlicht gestaltet und verzichtet auf unnötigen Schnickschnack. Daher haben Sie zunächst nur ein paar wenige Elemente zur Verfügung. Mehr brauchen Sie an dieser Stelle auch nicht.

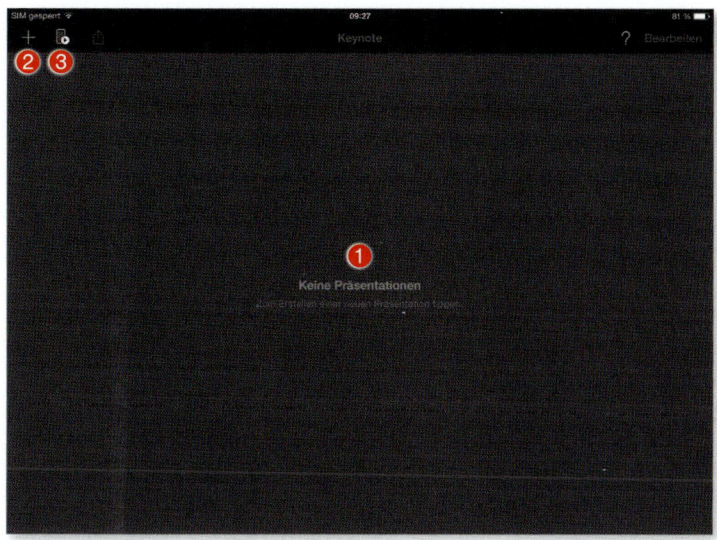

Die Dateiverwaltung von Keynote wirkt sehr aufgeräumt.

❶ Im Hauptbereich von Keynote bearbeiten Sie später Ihre Präsentation. Wenn es noch keine Inhalte gibt, tippen Sie in diesen Bereich, um eine neue Präsentation zu beginnen.

❷ Über dieses Menü erstellen Sie eine neue Präsentation oder kopieren vorhandene Dateien per iTunes oder WebDAV-Server.

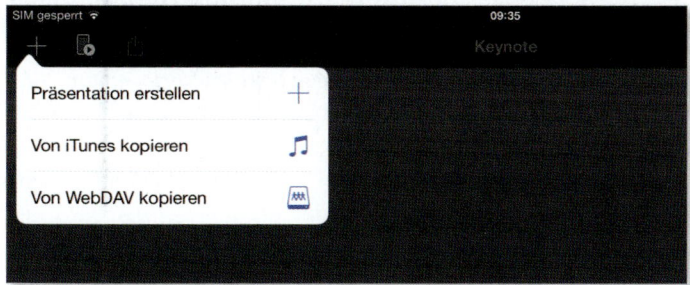

Erstellen Sie hier eine neue Präsentation oder kopieren Sie vorhandene Daten.

Tippen Sie im nächsten Schritt auf *Von iTunes kopieren*, um die in iTunes bereitgestellten Keynote-Dateien auswählen zu können. Bei *Von WebDAV kopieren* geben Sie im nächsten Schritt die *Serveradresse* an sowie *Benutzername* und *Kennwort*.

❸ Diese Schaltfläche ist für die Fernsteuerung von Keynote auf dem Mac mithilfe eines iOS-Geräts zuständig.

Da wir nun mit der ersten Präsentation beginnen möchten, tippen wir auf den Hauptbereich von Keynote. Tippen auf + und *Präsentation erstellen* bringt Sie aber ebenfalls dorthin.

Themen (oder anders gesagt: Vorlagen)

Bei Keynote läuft viel über sogenannte Themen. Dabei handelt es sich um unterschiedlich gestaltete Vorlagen, die Ihnen viel Zeit sparen. Sie wählen ein Thema aus und können sofort mit den Inhalten beginnen. Wenn Sie es nicht möchten, müssen Sie so keine Zeit in die Gestaltung Ihrer Folien investieren. Und noch dazu sehen alle Folien eines Themas wie aus einem Guss aus. Das lässt Ihre Präsentation sehr professionell wirken.

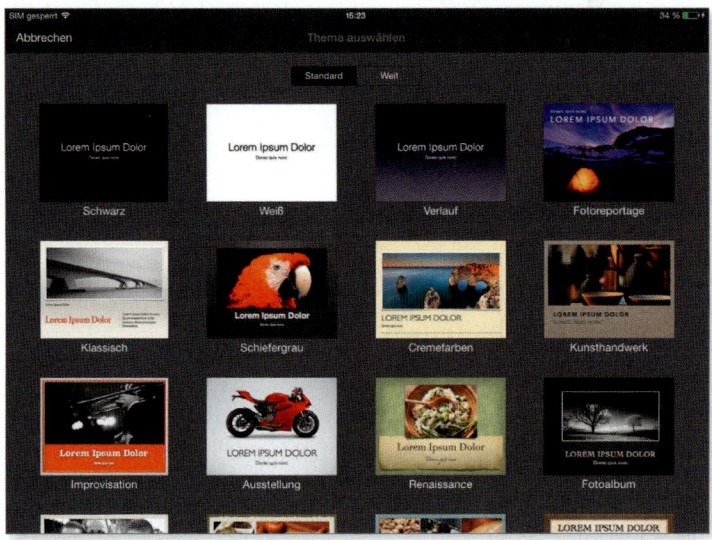

Keynote bietet eine Vielzahl von fertigen Vorlagen an.

 Möchten Sie Ihre Folien aber individuell gestalten, wählen Sie **Schwarz**, **Weiß** oder **Verlauf** aus. Dann erhalten Sie eine leere Folie, die Sie an Ihre Wünsche anpassen können.

Themen in „Standard" oder „Weit"

Neben den Themen haben Sie an dieser Stelle die Wahl zwischen *Standard* und *Weit*. Auch wenn sich die Vorlagen selbst nicht unterscheiden, können Sie darüber festlegen, ob Sie Folien möchten, die für Monitore im 4:3-Format (*Standard*) oder für Breitbildgeräte (*Weit*) optimiert sind.

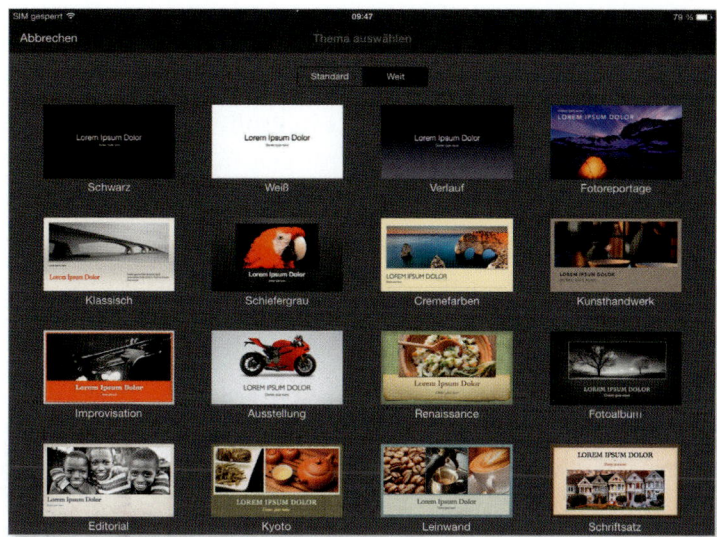

Die Themen selbst ändern sich bei „Weit" nicht. Nur das Format ist anders.

Wir möchten dieses Mal hauptsächlich mit Bildern arbeiten und wählen daher das Thema *Fotoalbum* aus.

Die Oberfläche von Keynote

Keynote fügt nun die erste Folie der Präsentation ein. An dieser Stelle können wir uns auch gleich mal die Oberfläche der App ansehen.

Die Präsentation ist erstellt und die erste Folie bereits eingefügt.

❶ In der linken Spalte werden alle Folien der geöffneten Präsentation angezeigt. In diesem Fall gibt es erst eine Folie, daher ist die Spalte noch recht leer.

❷ Die gerade aktive Folie sehen Sie rechts in groß. Hier können Sie auch Änderungen an der Folie vornehmen.

❸ Möchten Sie eine neue Folie hinzufügen, klicken Sie auf das +-Symbol. Jedes Thema besteht aus unterschiedlichen Folien, die aber alle grundsätzlich einheitlich gestaltet sind. Daher bekommen Sie beim Hinzufügen auch eine Auswahl aller im Thema vorhandenen Folien angezeigt. Tippen Sie auf die gewünschte Folie, um sie hinzuzufügen.

Wählen Sie eine Folie aus dem Thema aus, die für Sie sinnvoll ist.

❹ Im oberen Bereich befinden sich die Werkzeuge von Keynote. Diese Werkzeuge werden wir Ihnen nach und nach näher zeigen.

❺ *Präsentationen* bringt Sie wieder zurück zur Übersicht aller verfügbaren Präsentationen.

Reihenfolge der Folien ändern und mehr

Wenn Sie über das +-Symbol eine neue Folie einfügen, wird sie nach der gerade markierten Folie eingereiht. Das bedeutet: Die neue Folie ist dann nach der gerade aktiven Folie die nächste in der Präsentation und wird bei der Vorführung auch erst an dieser Stelle angezeigt. Diese Reihenfolge ist aber nicht in Stein gemeißelt, Sie können sie jederzeit ändern und Folien auch ausschneiden, kopieren, einsetzen, löschen und bei Bedarf auch bei der Präsentation überspringen.

Reihenfolge ändern

Möchten Sie eine Folie von ihrem aktuellen Ort entfernen und weiter vorn oder hinten in der Präsentation platzieren, tippen Sie mit dem Finger darauf und belassen den Finger auf dem Display. Die Folie beginnt daraufhin zu pulsieren und kann an die neue Stelle verschoben werden. Schieben Sie sie dazu einfach an die gewünschte Stelle und lassen Sie sie dort los. Dabei gibt es weitere Optionen:

Thematisch zusammengehörige Folien gruppieren

Folien, die zusammengehören, können gruppiert werden. Um das zu erreichen, greifen Sie die Folie wie beim Verschieben, schieben sie aber dann nicht nach oben oder unten weg, sondern ein kleines Stück nach rechts. Damit rücken Sie die Folie ein wenig ein, was in der Übersicht aller Folien deutlich zu sehen ist.

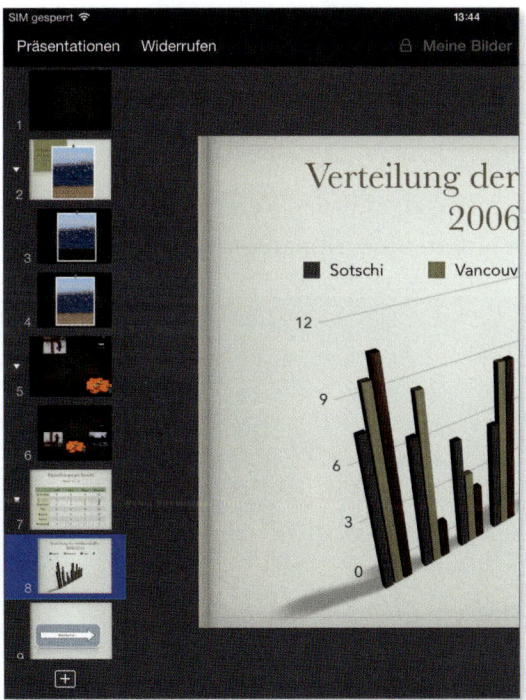

Sie erkennen auf Anhieb, welche Folien zusammengehören, wenn Sie sich die Einrückungen ansehen.

Um eine eingerückte Folie wieder linksbündig anzuordnen, schieben Sie sie einfach wieder zurück nach links.

> Sie können eingerückte Folie ausblenden, indem Sie auf den kleinen Pfeil links neben der übergeordneten Folie tippen. Tippen Sie erneut, um sie wieder aufzuklappen.

Die eingerückten Folien sind in diesem Beispiel eingeklappt. Anhand der Foliennummern erkennen Sie, wie viele Folien derzeit ausgeblendet sind.

Es gibt aber noch mehr als nur das Verschieben von Folien. Um das entsprechende Menü dafür aufzurufen, tippen Sie auf die betreffende Folie.

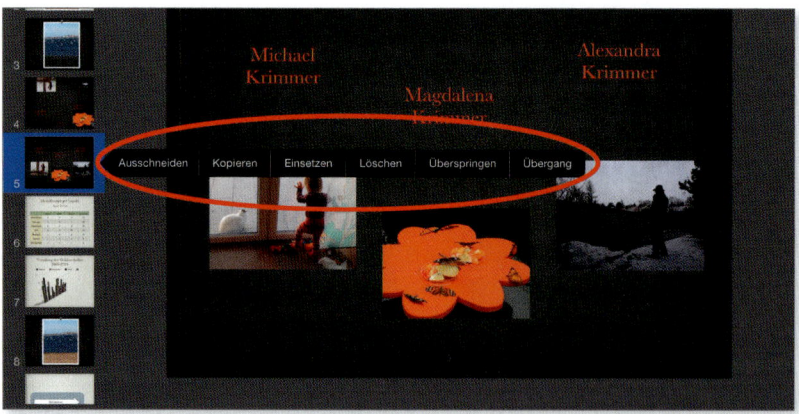

Über dieses Menü rufen Sie alle folienspezifischen Funktionen auf.

- *Ausschneiden*: Damit entfernen Sie die Folie, kopieren sie aber in die Zwischenablage. Diese Folie können Sie dann später über *Einsetzen* wieder in eine Präsentation einfügen.

- *Kopieren*: Wie *Ausschneiden*, nur entfernen Sie damit die Folie nicht. In Verbindung mit *Einsetzen* ist dies hervorragend geeignet, um Folien zu duplizieren.
- *Einsetzen*: Jede Folie, die Sie über *Ausschneiden* oder *Kopieren* in die Zwischenablage kopiert haben, bringen Sie mit *Einsetzen* wieder zum Vorschein.

> **!** Die eingefügte Folie reiht sich nach der markierten Folie ein.

- *Löschen*: Um die markierte Folie zu entfernen, tippen Sie auf *Löschen*.
- *Überspringen*: Wählen Sie diesen Punkt, wenn eine Folie während der Präsentation nicht angezeigt werden soll, Sie sie aber nicht löschen möchten. Daraufhin ändert sich die Anzeige wie in der Abbildung gezeigt und die Folie wird während der Wiedergabe ignoriert. *Nicht überspr.* macht die Aktion wieder rückgängig.

Diese Folie wird nicht angezeigt, ist aber noch vorhanden. Sie kann auch weiterhin bearbeitet werden.

Vorhandene Präsentationen verwalten

Damit wir Ihnen die Möglichkeiten, die Ihnen das Präsentationen-Fenster bietet, besser zeigen können, haben wir bereits ein paar wenige Präsentationen über den Punkt *Präsentation erstellen* angelegt. Wie eingangs beschrieben geht das auch über das +-Menü. Das könnte dann so aussehen:

Wenn Sie mehr als nur eine Präsentation erstellt haben, bietet sich die Verwaltung der Dateien an.

An dieser Stelle fällt auf, dass alle Präsentationen sehr ähnliche Namen haben (*Präsentation 1*, *Präsentation 2* usw.). Keynote nummeriert die Präsentationen zunächst nur einfach durch. Möchten Sie später auf Anhieb erkennen, worum es in den einzelnen Präsentationen geht, sollten Sie so früh wie möglich eindeutige Namen vergeben und die Präsentationen sortieren.

 Wenn Sie an dieser Stelle in den Hauptbereich tippen und das Fenster nach unten schieben, bekommen Sie die Möglichkeit, die Anzeige nach **Datum** oder **Name** sortieren zu lassen.

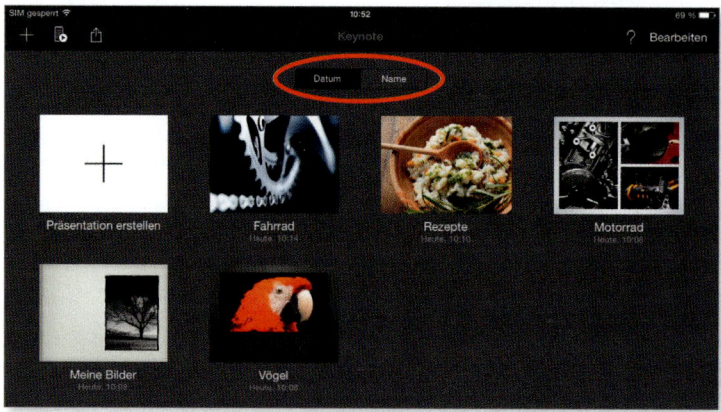

Die Präsentation lassen sich nach Namen oder Datum sortieren.

Um Präsentationen zu verwalten, tippen Sie zunächst auf *Bearbeiten*. Sie erkennen den Bearbeitenmodus daran, dass die Leiste oben blau wird und die vorhandenen Präsentationen wackeln.

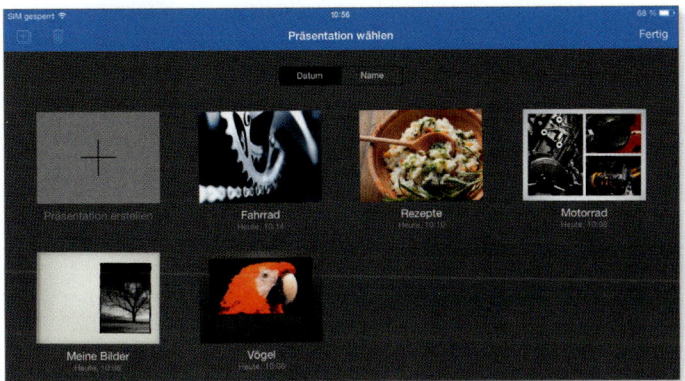

In diesem Modus lassen sich die Präsentationen bearbeiten.

Präsentationen umbenennen

Zum Umbenennen ist es nicht zwingend erforderlich, dass Sie zuerst auf *Bearbeiten* tippen. Tippen Sie dazu auf den Namen unter dem Vorschaubild und geben Sie den gewünschten neuen Titel ein. Tippen Sie dann auf *Fertig* in der Leiste rechts oben oder auf der Tastatur.

Wenn Sie im Bearbeitenmodus nicht auf die Titelzeile, sondern auf das Vorschaubild tippen, markieren Sie die Präsentation. Das geht auch mit mehreren gleichzeitig, indem Sie alle gewünschten Bilder nacheinander antippen. Um eine Auswahl wieder aufzuheben, tippen Sie erneut auf eine markierte Präsentation, um diese wieder abzuwählen. Oder Sie tippen auf einen leeren Bereich der Oberfläche, um alle Markierungen aufzuheben.

Präsentationen löschen

Um eine Präsentation zu löschen (das geht natürlich auch mit mehr als einer gleichzeitig), markieren Sie sie und tippen dann links oben auf das Papierkorbsymbol.

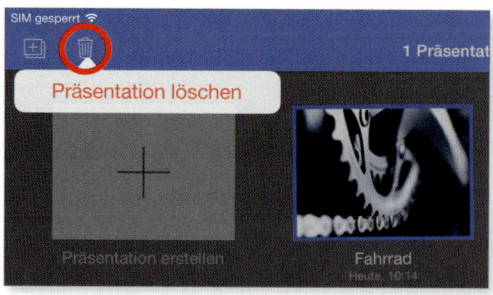

Über das Papierkorbsymbol löschen Sie ausgewählte Präsentationen.

Nach einer Bestätigung, die Sie antippen müssen (*Präsentation löschen*), wird die Auswahl entfernt.

Präsentationen duplizieren

Das Symbol links neben dem Papierkorb ist zum Duplizieren von Präsentationen gedacht. Das ist dann hilfreich, wenn Sie eine Präsentation bearbeiten, das Original aber nicht ändern möchten.

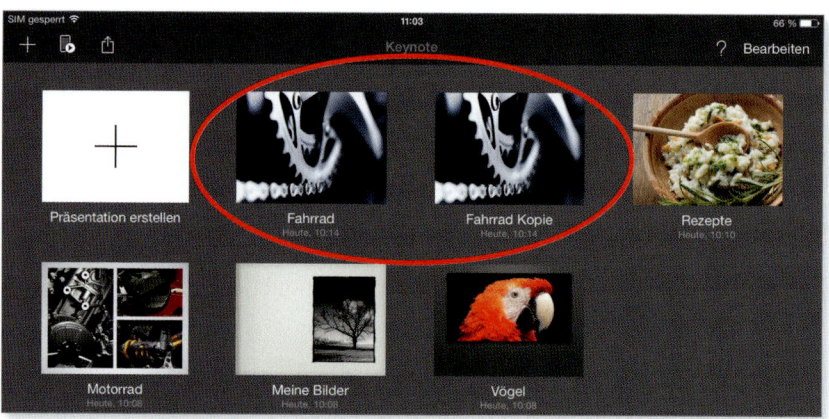

Per Duplizieren erstellen Sie im Handumdrehen eine Kopie.

Mit Ordnern arbeiten

Thematisch zusammengehörige Präsentationen können Sie in Ordnern zusammenfassen. Das geht auf die gleiche Weise, wie Sie auf dem iPad auch Apps in Ordnern zusammenfassen: Greifen Sie eine Präsentation, indem Sie darauf tippen und den Finger kurz auf dem Display belassen.

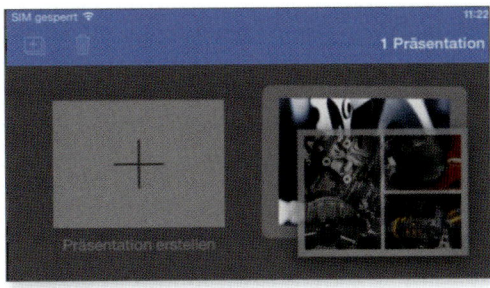

Ziehen Sie eine Präsentation auf eine andere, um sie in einem Ordner zusammenzufassen.

Ziehen Sie sie dann auf das Bild einer anderen Präsentation. Sobald Sie einen grauen Rahmen sehen, können Sie die Präsentation fallen lassen. Dadurch erstellen Sie einen neuen Ordner, den Sie dann auch gleich benennen können.

Und schon ist ein Ordner erstellt, der zunächst nur aus zwei Präsentationen besteht.

Sie können den Namen des Ordners jederzeit ändern, indem Sie bei geöffnetem Ordner auf die Titelzeile tippen. Bei geschlossenem Ordner tippen Sie auf die Zeile gleich darunter über dem Datum.

Um den Ordner wieder zu schließen, tippen Sie auf eine beliebige Stelle außerhalb des Ordners.

Und so entfernen Sie eine Präsentation wieder aus dem Ordner: Öffnen Sie den Ordner und tippen Sie eine Präsentation so lange an, bis sie zu wackeln beginnt. Schieben Sie dann die betreffende Präsentation einfach aus dem Ordner heraus, ziehen Sie sie sozusagen wieder zurück auf die oberste Ebene.

> Um einen Ordner wieder zu löschen, müssen Sie alle darin enthaltenen Präsentationen löschen oder an eine andere Stelle ziehen. Der Grund: Auch eine einzelne Datei kann einen Ordner füllen. Erst wenn die letzte Datei entfernt ist, verschwindet auch der Ordner.

Mit *Fertig* beenden Sie den Bearbeitenmodus wieder.

Nachdem Sie nun wissen, wie man bestehende Präsentationen verwaltet und neue erstellt, gehen wir einen Schritt weiter und passen die Inhalte an. Erstellen Sie daher eine neue Präsentation *(Präsentation erstellen)* oder öffnen Sie eine bereits bestehende, indem Sie darauf tippen.

Präsentationen bearbeiten

Wenn Sie Inhalte einer Präsentation bearbeiten möchten, läuft vieles über die Symbolleiste von Keynote. Die finden Sie am oberen Rand des Displays. Auch wenn wir Ihnen nach und nach alle dort untergebrachten Funktionen näher zeigen, möchten wir an dieser Stelle bereits auf eine sehr wichtige Funktion hinweisen: das *Widerrufen*.

Aktionen und Befehle widerrufen

Keynote lädt durch seine durchdachte Bedienung dazu ein, Dinge einfach einmal auszuprobieren. Dabei lässt es sich aber kaum vermeiden, dass man von Zeit zu Zeit etwas tut, was man lieber nicht gemacht hätte. Ein Beispiel: Sie tippen eine größere Menge Text ein, formatieren alles schön und möchten das Textfeld in die Zwischenablage kopieren, damit Sie es auf einer zweiten Folie wiederverwenden können. Wie das alles geht, erfahren Sie gleich. Nun tippen Sie aber irrtümlich nicht auf *Kopieren*, sondern erwischen die Taste daneben, die den selbsterklärenden Namen *Löschen* trägt. Was dann passiert, können Sie sich ausrechnen: Das hübsch gestaltete und mit Inhalten gefüllte Textfeld ist weg.

Bevor Sie aber damit anfangen, alles von Grund auf neu zu machen, tippen Sie doch einmal auf die *Widerrufen*-Taste. Damit machen Sie die letzte Aktion rückgängig und, wenn Sie noch einmal darauf tippen, die davor auch. So kommen Sie Schritt für Schritt wieder zum Ausgangspunkt zurück.

Nachdem wir das Thema in unserem Beispiel angeschnitten haben, machen wir gleich mit Textfeldern weiter.

2

Textfelder

Präsentationen verfügen in der Regel über mehr oder weniger viel Text, der die in den Folien enthaltenen Informationen transportieren soll. Daher sind Textfelder ein wichtiges Werkzeug bei der Erstellung und Bearbeitung von Folien einer Präsentation.

Wenn Sie ein Thema auswählen, erhalten Sie fast immer eine Folie, in der bereits ein Platzhalter für Text enthalten ist. Den können Sie dann auch gleich mit Text füllen.

Vorhandene Textfelder bearbeiten

Um ein vorhandenes Textfeld zu bearbeiten, doppeltippen Sie darauf.

Der Platzhaltertext im Textfeld zeigt es schon an: „Zum Bearbeiten doppeltippen".

Wenn Sie nun auf eines der beiden Felder doppeltippen, können Sie Ihren Text eintippen.

In wenigen Sekunden ist der Inhalt des Textfeldes angepasst.

 Wenn Sie die Folie im Ganzen sehen möchten, blenden Sie die Tastatur über die Taste rechts unten aus.

Neue Textfelder erstellen

Um ein neues Textfeld einzufügen, tippen Sie in der Symbolleiste ganz oben auf das + und wählen dann den *Text*-Bereich aus.

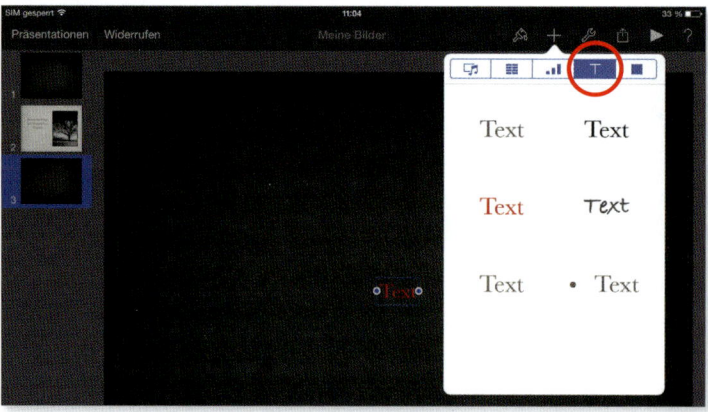

Tippen Sie auf das gewünschte Textfelddesign, um ein neues Textfeld einzufügen.

Sie können anschließend gleich auf das Textfeld doppeltippen und den Blindtext durch Ihren Text ersetzen.

Darstellungsoptionen von Textfeldern

Bis zu dieser Stelle haben Sie ein Textfeld eingefügt und auch mit eigenem Text gefüllt. Aber es gibt natürlich noch viele andere Dinge, die man an einem Textfeld ändern möchte – den Schriftstil zum Beispiel. Das lässt sich in den Darstellungsoptionen erledigen, die es für jede Art von Element gibt.

Die Darstellungsoptionen im Bereich „Text" ermöglichen es Ihnen, umfangreiche Änderungen an Texten vorzunehmen.

Ganz oben legen Sie unter *Stil* die Art des Textfeldes fest. Das ist die Entscheidung, die Sie auch beim Einfügen eines neuen Textfeldes treffen. Gleich darunter finden Sie die *Stiloptionen*.

Textfelder füllen

Möchten Sie das Textfeld farbig oder mit einer Struktur füllen, ist der Bereich *Füllung* interessant. Wählen Sie hier eine der verfügbaren Möglichkeiten aus.

 Es gibt hier mehr als die zunächst angezeigten sechs Möglichkeiten. Verschieben Sie das Bild nach links oder rechts, um die anderen Optionen zu sehen.

Ein Textfeld mit Farbe zu füllen, ist in Keynote kein Problem.

Textfelder umrahmen

Rahmen werden gerne genommen, um Textfelder mehr von den anderen Elementen abzugrenzen. Rufen Sie den Bereich *Rahmen* auf und aktivieren Sie zunächst die Option. Stellen Sie anschließend ein, welche *Farbe* und welche *Breite* der Rahmen haben soll. Gleich darunter wählen Sie dann den gewünschten Rahmen in der Liste aus.

Auch Rahmen gibt es in einer Vielzahl von unterschiedlichen Designs.

Schatten, Spiegelung und Deckkraft

Die Rubrik für *Schattenwurf*, *Spiegelung* und *Deckkraft* heißt *Effekte*. Schalten Sie hier die gewünschten Effekte ein und ändern Sie auf Wunsch die Deckkraft.

Auch Effekte wie Schattenwurf, Spiegelung oder Deckkraft sind problemlos machbar.

Mit Tippen auf *Stil* kommen Sie wieder zurück.

Schriftart ändern

Tippen Sie auf *Text*, um zu den Einstellungen zu gelangen, die die Schriftart betreffen.

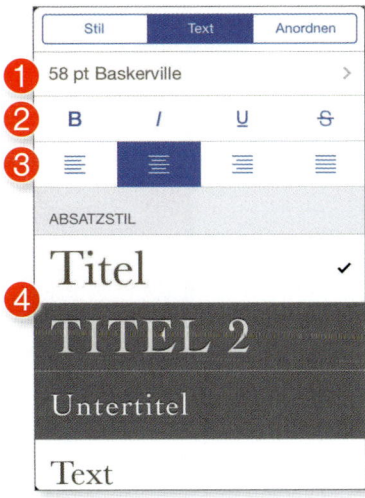

Selbstverständlich sind auch Einstellungen der Schrift selbst einfach zu ändern.

❶ Die Schriftart, die Größe und auch die Farbe ändern Sie hier.

❷ Fett, kursiv, unterstrichen oder sogar durchgestrichen – all das stellen Sie hier ein. Die Symbole entsprechen dabei den englischen Bezeichnungen wie bold für fett.

❸ Die Ausrichtung des Textes wird hier eingestellt: Sie haben die Wahl zwischen linksbündig, zentriert, rechtsbündig und Blocksatz.

❹ Und im Bereich *Absatzstil* finden Sie vorgefertigte Einstellungen für bestimmte Zwecke, wie beispielsweise Titelzeilen, Zitate oder Quellenangaben.

Textfelder anordnen

Eine weitere Anpassungsmöglichkeit, die Ihnen Keynote für Ihre Texte bietet, ist das *Anordnen*. Wie bei allen anderen Elementen kann es entscheidend sein, wie das Textfeld im Vergleich zu den anderen Elementen angeordnet ist. Nutzen Sie den Schieberegler *Nach hinten/vorn bewegen*, um das Textfeld weiter im Vordergrund oder im Hintergrund anzuordnen.

Per Anordnen von Elementen legen Sie fest, was vorn ist und was weiter hinten. Hier ist das Bild vorn und das Textfeld hinten.

Gleich darunter stellen Sie ein, wie der Text in Bezug auf das Feld angeordnet werden soll. Er kann am oberen Rand, in der Mitte oder am unteren Rand ausgerichtet werden.

Der Text im zu großen Textfeld kann oben, mittig oder unten ausgerichtet werden.

Über die beiden +/--Schalter beeinflussen Sie die Anzahl der Textspalten im Textfeld und den *Rand*.

Aktivieren Sie *Schützen*, können keine Änderungen mehr vorgenommen werden, solange Sie den Schutz nicht wieder aufheben. Das verhindert versehentliche Änderungen.

Bevor Sie den Schutz nicht aufheben, kann nichts mehr am Element geändert werden.

Elemente anpassen

Wir nutzen die Gelegenheit und zeigen Ihnen anhand des gerade eingefügten Textfeldes gleich mal die Möglichkeiten, die Sie zum Anpassen von Elementen haben. Dazu gehört das Vergrößern und Verkleinern, das Verschieben und das Ausrichten.

 Das geht natürlich nicht nur mit neuen Elementen, auch bestehende Inhalte lassen sich so anpassen. Und selbstverständlich ist das keine Funktion, die nur bei Text funktioniert.

Elemente vergrößern und verkleinern

Tippen Sie auf ein Element, um es auszuwählen. Sie erhalten zusätzlich ein Menü eingeblendet, auf das wir im Abschnitt „Inhalte über die Zwischenablage kopieren (und mehr)" noch genauer eingehen. Für den Moment interessieren uns aber die beiden Marker, die links und rechts am Textfeld eingeblendet werden.

 Tippen Sie ein anderes Element an, beispielsweise ein Foto, erhalten Sie unter Umständen mehr als nur zwei Marker. Das Prinzip ist aber dasselbe.

Verschieben Sie nun einen der beiden Marker nach links oder rechts, um das Textfeld zu vergrößern oder zu verkleinern. Dabei wird zusätzlich angezeigt, wie groß das Element jetzt wäre, würden Sie den Greifer loslassen.

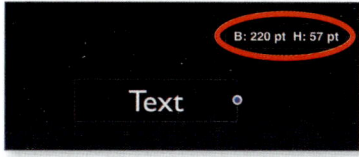

Der Kasten rechts oben informiert über die aktuelle Größe.

Bei einem anderen Element, beispielsweise einem Foto, würde das ähnlich aussehen:

Auch Fotos lassen sich mithilfe der Greifer in der Größe anpassen.

Elemente verschieben

Ein Element verschieben Sie, indem Sie mit dem Finger darauf tippen und den Finger auf dem Display belassen. Schieben Sie dann das Textfeld, Bild etc. an den gewünschten Ort und lassen Sie es dort los.

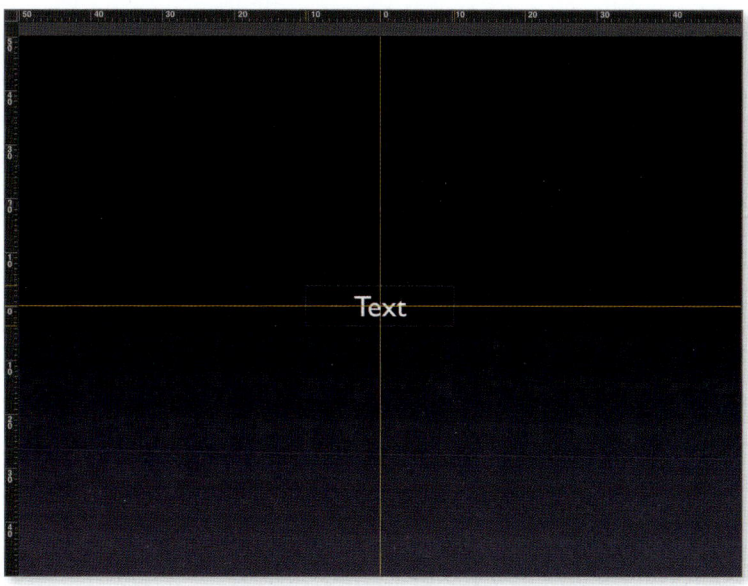

Elemente lassen sich mit dem Finger verschieben.

Elemente ausrichten

Wir haben den Screenshot oben bewusst so gewählt, dass die beiden gelben Hilfslinien zu sehen sind. Diese helfen Ihnen dabei, Elemente exakt auszurichten. In
diesem Fall haben Sie eine horizontale und eine vertikale Hilfslinie bekommen,
die Ihnen anzeigen, dass sich das Textfeld exakt in der Mitte befindet.

Bei einer leeren Folie ist das noch wenig spektakulär. Haben Sie aber mehrere
Elemente in einer Folie, können Sie alle aneinander ausrichten und so ein genau
gestaltetes Layout erhalten.

Auch die passenden Abstände lassen sich mit Hilfslinien ermitteln.

Bilder und Videos

Auch Bilder und Videos geben einer Präsentation unter Umständen das gewisse
Etwas. Sie können ganz bequem auf die Foto- und Videosammlung Ihres iOS-
Geräts zugreifen und über diesen Weg sehr einfach Medien hinzufügen.

Neue Bilder hinzufügen

Um Medien in Ihre Folien einzubauen, rufen Sie wieder das + in der Symbolleiste auf. Nur tippen Sie dieses Mal nicht auf das *T* für Text, sondern wählen
Sie den Bereich ganz links aus.

Fotos, Video und Musik fügen Sie über den „Medien"-Bereich hinzu.

Wählen Sie dann zum Einfügen eines Fotos eines der Alben aus und tippen Sie auf das gewünschte Bild. Es wird daraufhin gleich eingebaut.

Vorhandene Bilder bearbeiten

Meistens werden neue Bilder zu groß eingebaut, teilweise füllen sie die komplette Folie aus. Passen Sie wenn erforderlich dann gleich die Größe so an, dass das Bild in Ihre Folie passt und verschieben Sie es an die gewünschte Stelle. Verfahren Sie dann mit weiteren Bildern und Videos analog.

Unsere Folie füllt sich. Nun gibt es schon drei Textfelder und drei Bilder, die allesamt zueinander ausgerichtet sind.

Videos einfügen

Um ein Video einzufügen, verfahren Sie genauso, wie Sie ein Foto auswählen. Über das Wiedergabesymbol unter dem Video können Sie es bereits bei der Auswahl ansehen. Über dem Videobild sehen Sie schon vorab anhand der Vorschaubildchen, wie es weitergeht. Tippen Sie dann auf *Verwenden*, um es in die Folie einzufügen. Keynote komprimiert das Video daraufhin und setzt es ein.

Vorspulen

Gerade bei längeren Videos müssen Sie aber nicht warten, bis die gewünschte Abspielposition erreicht ist. In der Leiste mit den Vorschaubildchen gibt es einen kleinen Marker, den Sie verschieben können. So spulen Sie schnell vor oder zurück.

Schieben Sie den Marker in den Vorschaubildchen an die gewünschte Position, um dorthin zu spulen.

Darstellungsoptionen von Videos und Bildern

Wenn Sie ein Bild antippen und in der Symbolleiste auf den Pinsel tippen, erhalten Sie auch für diesen Elementtyp umfangreiche Bearbeitungsmöglichkeiten.

Die Möglichkeiten im Bereich *Stil* entsprechen weitestgehend denen von Textfeldern. Daher möchten wir uns an dieser Stelle nicht wiederholen. Sehen Sie bei Bedarf einfach etwas weiter vorn im Buch nach. Stattdessen konzentrieren wir uns lieber auf die Dinge, die bei Bildern neu sind.

Bildeinstellungen für Maskieren und Transparenz

Das Maskieren eines Bildes dient dem Zweck, nur einen bestimmten Ausschnitt zu zeigen. Das Maskieren erspart Ihnen also das Beschneiden eines Fotos. Und

Sie haben nachträglich die Möglichkeit, die Maske zu ändern und müssen nicht ein neues Bild einfügen, das Sie anders beschnitten haben.

Um ein ausgewähltes (also angetipptes) Bild zu maskieren, rufen Sie in den Darstellungsoptionen den Bereich *Bild* auf. Tippen Sie dann auf *Maske bearbeiten*.

Beim Maskieren von Bildern wählen Sie den gewünschten Ausschnitt aus.
Der Rest wird ausgeblendet.

Jetzt sehen Sie das Bild in voller Größe. Über den Schieberegler vergrößern und verkleinern Sie das Bild. Mit dem Finger verschieben Sie es so, dass der gewünschte Ausschnitt im Rahmen in der Mitte zu sehen ist. Passt alles? Dann tippen Sie auf *Fertig*.

> **!** Den Rahmen zum Maskieren können Sie über die Marker auch größer oder kleiner machen.

Möchten Sie das Bild wieder ganz anzeigen, tippen Sie auf *Maske entfernen*.

Diese Funktion *Transparenz* ist dazu da, bestimmte Bildteile unsichtbar zu machen. Das hilft beispielsweise beim Freistellen (also dem Loslösen von Hauptmotiv und Hintergrund) von Fotos.

Möchte man von diesem Foto den Sandstrand im unteren Bereich durchsichtig gestalten, hilft die Funktion „Transparenz".

Tippen Sie auf *Transparenz* und fahren Sie dann mit dem Finger über die Stelle im Bild, die Sie transparent machen möchten. Bewegen Sie anschließend den Finger auf dem Display, um weitere Teile auszuwählen.

Hier ist der Strand schon gut ausgewählt.

Mit *Fertig* bestätigen Sie die Auswahl, mit *Reset* brechen Sie die Aktion ab und können von vorn beginnen.

Das Ergebnis kann sich sehen lassen: Der Strand ist verschwunden.

! Erwarten Sie nicht allzu viel von der Transparenzfunktion. Das Freistellen von Bildern ist eine hohe Kunst in der Bildbearbeitung. Nicht weiter erstaunlich also, dass eine Wischbewegung in Keynote keine Wunder bewirken kann. Aber setzt man den Aufwand zum Ergebnis ins Verhältnis, erzielen Sie damit durchaus respektable Ergebnisse.

Ach ja, es gibt noch *Ersetzen*, das möchten wir an dieser Stelle nicht unterschlagen. Darüber tauschen Sie einfach das Foto gegen ein anderes aus.

Bilder spiegeln

Auch den Aspekt *Nach hinten/vorn bewegen* kennen Sie schon von den Textfeldern. Aber der Bereich *Anordnen* bietet noch zwei hilfreiche Funktionen: Sie können das Bild *Vertikal spiegeln* und auf Wunsch auch *Horizont.(al) spiegeln*.

Einstellungen bei Videos

Bei Videos können Sie einen Rahmen hinzufügen (*Stil –> Rahmen*) und dem Video im Bereich *Effekte* einen *Schattenwurf* sowie eine *Spiegelung* zuweisen. Und auch die *Deckkraft* lässt sich anpassen. Das alles kennen Sie bereits.

Im Bereich *Film* dagegen gibt es spezielle Möglichkeiten, die Sie bei Bildern nicht haben: Legen Sie hier fest, ob Sie das Video in einer Schleife abspielen möchten (*Wiederholen*). Zur Auswahl stehen die Einstellungen *Ohne*, *Endlosschlei-fe* und *Endlos vorwärts und rückwärts*.

Der Unterschied: Bei *Endlosschleife* wird das Video abgespielt und wenn es zu Ende ist, beginnt die Wiedergabe von vorn. Bei *Endlos vorwärts und rückwärts* wird der Clip erst in der richtigen Richtung abgespielt. Danach läuft er zurück, bevor er wieder von vorn nach hinten durchläuft, und so weiter.

Stellen Sie hier ebenfalls ein, ob das Video automatisch losgeht oder ob man dazu erst darauf tippen muss (*Zum Starten tippen*).

Die Punkte im Bereich *Anordnen* kennen Sie bereits.

Tabellen

Tabellen eignen sich hervorragend, um Zahlen übersichtlich aufzubereiten. Wie Sie es von einer Tabellenkalkulation wie Numbers oder Excel gewohnt sind, können Sie auch in Keynote mit Tabellen arbeiten.

Tabellen einfügen

Möchten Sie eine Tabelle in Ihre Folie einbauen, läuft das ebenfalls über das + in der Symbolleiste. Wählen Sie dann das Menü für die Tabellen.

Beim Einfügen von Tabellen können Sie auf verschiedene Vorlagen zurückgreifen.

Die Auswahl, die die Punkte unter den ersten vier Vorschaubildchen sugge-
rieren, täuscht ein wenig. Sie können zwar die Auswahl nach links und rechts
wegwischen, um zur Auswahl davor oder danach zu gelangen. Aber im Grunde
handelt es sich um sehr ähnliche Tabellen, die sich lediglich in ihrer Farbge-
bung unterscheiden. Um eine Tabelle auszuwählen, tippen Sie darauf. Daraufhin wird sie eingefügt.

Die ausgewählte Tabelle wurde in die Folie eingefügt und kann mit Inhalten befüllt werden.

Tabellen anpassen

Zunächst ist es sehr wahrscheinlich, dass Ihnen die Standardtabelle nicht aus-
reicht, die Ihnen Keynote anbietet.

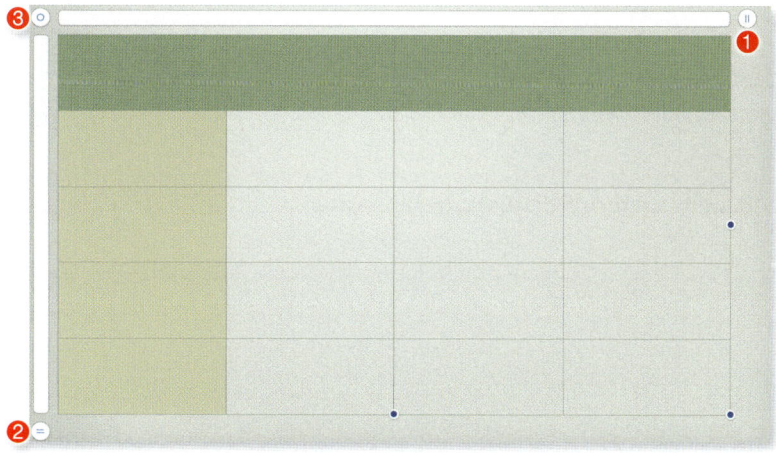

So sieht eine Standardtabelle in Keynote aus.

❶ Benötigen Sie mehr oder weniger Spalten, können Sie das über das =-Symbol einstellen, das an eine Pausetaste erinnert.

Erhöhen oder verringern Sie den Wert, um mehr oder weniger Spalten zur Verfügung zu haben.

❷ Wie bei den Spalten können Sie über das =-Symbol die Anzahl der Zeilen modifizieren.

❸ Um die Tabelle als Ganzes zu verschieben, greifen Sie das Kreissymbol und verschieben die Tabelle an die gewünschte Stelle.

 Über die blauen Greifer an der linken und unteren Seite sowie der Ecke rechts unten ändern Sie die Größe der Tabelle.

Tabellen mit Daten befüllen

Möchten Sie nun die Felder mit den entsprechenden Werten befüllen, doppel-tippen Sie auf das gewünschte Feld und tragen dann die Werte ein.

Wenn Sie das erste Feld befüllt haben, reicht ein einfaches Tippen in das nächste Feld, um dort eingeben zu können.

Am Ende sieht unsere Beispieltabelle so aus:

Unser Medaillenspiegel mit Stand 19.2.14 steht.

Zeilen und Spalten auswählen

Ist es erforderlich, dass Sie eine Spalte oder eine Zeile markieren, tippen Sie links neben der Zeile oder über der Spalte in den weißen Balken. Daraufhin wird die gewünschte Auswahl vorgenommen.

Sie haben nun die Zeile ausgewählt.

Nun können Sie über die beiden Greifer ❶ die Auswahl auf umliegende Zeilen erweitern. Oder Sie packen die Markierung an der kleinen doppelten Linie ❷ und machen die Spalte größer oder kleiner.

Das klappt analog auch mit Spalten. Tippen Sie dazu einfach in den weißen Balken über der Spalte und fahren Sie entsprechend fort.

Außerdem haben Sie dann noch alle Möglichkeiten, die Ihnen das eingeblendete Menü bietet: *Kopieren* oder *Ausschneiden* in die Zwischenablage, *Einsetzen* aus der Zwischenablage oder *Löschen* der markierten Zellen.

Bei *Einfügen* haben Sie dann die Wahl zwischen *Neue Textzeile* oder *Neue Titelzeile hinzufügen*. Bei einer Spalte entsprechend *Neue Standardspalte* und *Neue Titelspalte*.

Passend passt die Zellengröße an die vorhandenen Inhalte an.

Darstellungsoptionen von Tabellen

Wenn Sie eine Tabelle markieren und dann auf das Pinselsymbol in der Symbolleiste tippen, gelangen Sie zu den Darstellungsoptionen.

Im Bereich *Tabelle* können Sie auch hier die Art der Tabelle nachträglich ändern.

Tippen Sie auf *Tabellenoptionen*. Dort können Sie eine Zeile für den *Tabellennamen* einfügen, die *Tabellenkontur* ausschalten und die Zeilen abwechselnd einfärben (*Abwechselnde Zeilen*).

Medaillenspiegel Sotschi
Stand: 19.2.14

	Gold	Silber	Bronze	Insgesamt
Deutschland	8	3	4	15
Norwegen	7	4	7	18
Niederlande	6	6	8	20
USA	6	4	10	20
Russland	5	8	6	19
Schweiz	5	2	1	8
Weißrussland	5	0	1	6

„Abwechselnde Zeilen" macht gerade große Tabellen besser lesbar.

Im Bereich *Rasteroptionen* gibt es eine Vielzahl von Linien, die Sie ein- und ausschalten können. Und schließlich haben Sie ganz unten noch die Möglichkeit, die Schriftart zu ändern und die Schrift *Kleiner* oder *Größer* zu machen.

Neben den Einstellungen zur *Tabelle* gibt es noch zwei weitere Bereiche: *Kopfzeilen* und *Anordnen*.

Kopfzeilen: Legen Sie hier fest, wie viele *Titelzeilen* und *Titelspalten* es geben soll. Und auch *Abschlusszeilen* lassen sich definieren.

	Gold	Silber	Bronze	Insgesamt
Medaillenspiegel Sotschi Stand: 19.2.14				
Deutschland	8	3	4	15
Norwegen	7	4	7	18
Niederlande	6	6	8	20
USA	6	4	10	20
Russland	5	8	6	19
Schweiz	5	2	1	8
Weißrussland	5	0	1	6

In diesem Fall wurden die Kopf- und Titelzeilen um jeweils 1 erhöht und eine Abschlusszeile hinzugefügt.

Anordnen: Hier lässt sich die Tabelle *Nach hinten/vorn bewegen* und *Schützen*. Das kennen Sie bereits von den Optionen bei Textfeldern.

Diagramme

Auch Diagramme helfen dabei, insbesondere trockene Inhalte zu veranschaulichen. Sie haben in Keynote die Wahl zwischen unterschiedlichen Diagrammen in 2D und 3D sowie einer interaktiven Variante.

Diagramme einfügen

Ausgangspunkt ist wieder die Symbolleiste und dort das +. Tippen Sie dann auf das Diagrammsymbol in der Mitte der Leiste.

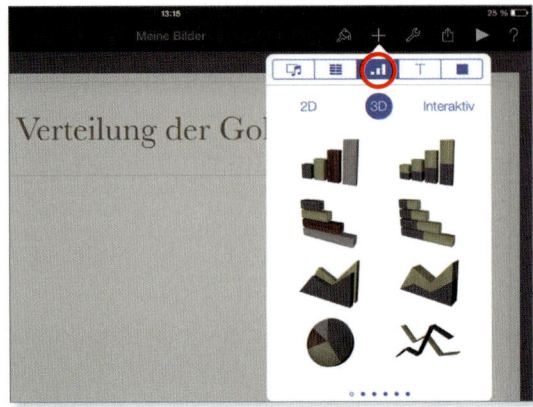

Die Diagramme sind unterteilt in „2D", „3D" und „Interaktiv".

Auch hier sieht es wieder so aus, als gäbe es eine Vielzahl von weiteren Diagrammarten auf den anderen Seiten. Wenn Sie aber nach links oder rechts wischen, ist es wie bei den Tabellen: Lediglich die Farbe ändert sich.

Allerdings gibt es bei Diagrammen wirklich die Wahl zwischen *2D*, *3D* und *Interaktiv*. Wählen Sie eine beliebige Diagrammvorlage aus, um sie in die Folie einzufügen.

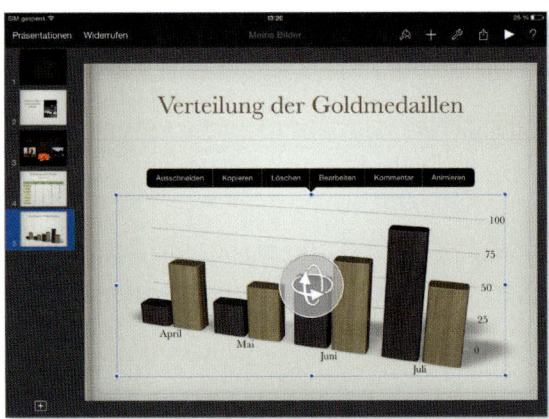

Unser 3D-Diagramm sieht schon mal sehr gut aus.

Diagramme anpassen

Was in unserem Beispiel auffällt, ist der Kreis mit den Pfeilen in der Mitte. Darüber können Sie sehr einfach die Ausrichtung des 3D-Diagramms ändern. Und wenn Sie genau hinsehen, werden Sie erkennen, dass sich sogar der Schatten entsprechend ändert. Tippen Sie auf den Kreis mit den Pfeilen und ändern Sie darüber die Ausrichtung des Diagramms.

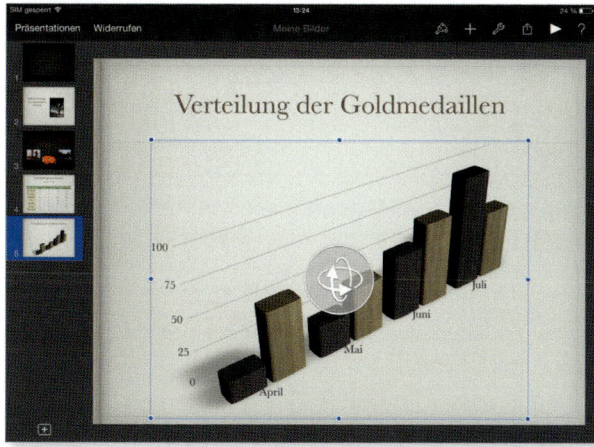

Wir haben die Ausrichtung und die Anordnung geändert.

Diagrammdaten ändern

Tippen Sie einmal auf das Diagramm, um zum gewohnten Menü (*Ausschneiden*, *Kopieren* etc.) zu gelangen. Neu ist hier der Punkt *Bearbeiten*, über den Sie die Balken und deren Größe ändern können. Tippen Sie darauf, um zum dazugehörigen Fenster zu gelangen.

	April	Mai	Juni	Juli	
Niederlande	17	26	53	96	
Region 2	55	43	70	58	

An dieser Stelle geht es um reine Tabellenkalkulation.

Geben Sie nun die gewünschten Informationen ein. Während Sie in der jeweils ersten Zeile und Spalte eine Texttastatur erhalten, schaltet Keynote bei den Datenfeldern zu einer praktischen Zahlentastatur um.

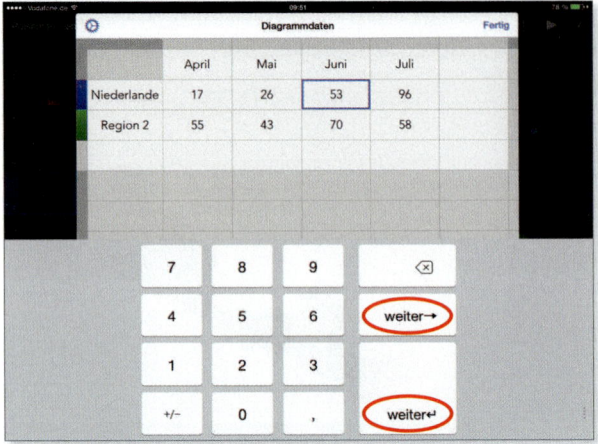

Für die Eingabe von Daten bekommen Sie eine Zahlentastatur.

 Ebenfalls hilfreich: Sie können über die beiden **weiter**-Tasten zum nächsten Feld oder zur nächsten Zeile springen und müssen dazu nicht immer in die Tabelle tippen.

Diagramme konfigurieren

Möchten Sie aber dennoch eine große Tastatur haben, tippen Sie links oben auf das Zahnrädchen und aktivieren *Große Tastatur*. Hier können Sie ebenfalls festlegen, ob die Zeilen oder Spalten als Datenreihen dargestellt werden sollen. Die Einstellung des Diagramms verlassen Sie, indem Sie noch einmal auf das kleine Zahnrad oder auf eine andere Stelle im Diagramm tippen.

   Wenn Sie mit der Bearbeitung des Diagramms fertig sind, tippen Sie auf *Fertig*.

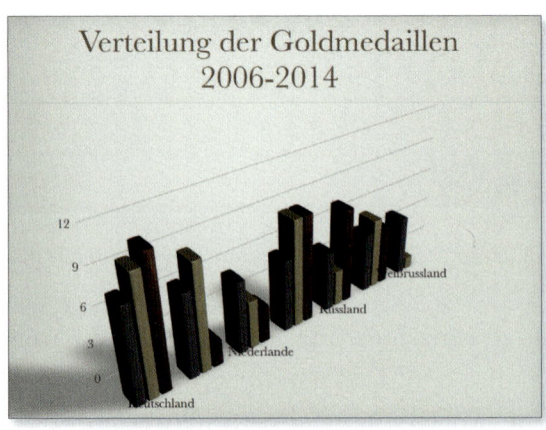

Wir nähern uns der Fertigstellung des Diagramms.

Darstellungsoptionen von Diagrammen

Jetzt sieht unser Diagramm schon sehr gut aus. Allerdings fehlt als Erklärung noch die Bedeutung der einzelnen Balken. Wir haben das zwar in den Diagrammdaten eingetragen, es wird aber nicht angezeigt. Um das zu ändern, rufen wir die Darstellungsoptionen von Keynote auf.

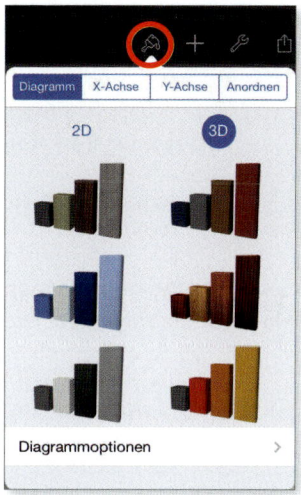

Die Darstellungsoptionen erreichen Sie über das Pinselsymbol.

Im Bereich *Diagramm* lässt sich ganz oben die Diagrammart festlegen. Wenn Sie hier eine andere Auswahl treffen, sollten Sie Keynote in paar Augenblicke Zeit geben. Die Umstellung auf ein neues Design kann einen Moment dauern.

Wir interessieren uns aber für die *Diagrammoptionen* darunter.

Hier stellen Sie die Details der Darstellung ein.

❶ Möchten Sie dem Diagramm einen Titel geben, aktivieren Sie den Schalter neben *Diagrammtitel*.

❷ *Legende* ist das, was wir für die Erklärung unserer Balken benötigen. Also schalten wir die Option an.

> **!** Die Legende wird wie ein eigenes Textfeld eingefügt. Sie können es also nach Belieben vergrößern, verkleinern und auch verschieben.

Während die blauen Greifer nach wie vor für das Anpassen der Diagrammgröße zuständig sind, sind die grünen für die eingefügte Legende zuständig.

❸ In diesem Bereich legen Sie die *Diagrammschrift* fest. Außerdem stellen Sie ein, ob die Schrift *Kleiner* oder *Größer* sein soll.

> **!** Wenn Sie – sofern vorhanden – auf das eingekreiste **i** neben der Schriftart tippen, erhalten Sie Zugriff auf die verfügbaren Schriftstile.

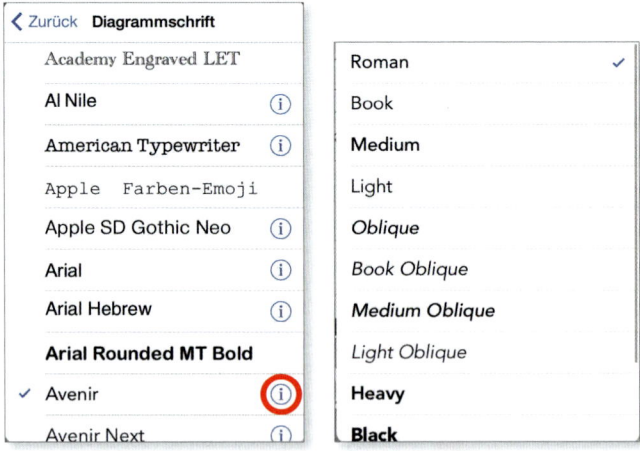

Einige Schriften wie hier „Avenir" verfügen über eine Vielzahl von Schriftstilen. Über das eingekreiste „i" können Sie die Stile auswählen.

❹ *Wertebeschr.* würde ausgeschrieben Wertebeschriftungen heißen. Möchten Sie, dass die Balken auch noch mit der dazugehörigen Zahl beschriftet werden, können Sie das hier einschalten. Wählen Sie im nächsten Schritt noch aus, wo sich die Zahlen befinden sollen. Sie haben die Wahl zwischen *Oben*, *Mittig*, *Unten* und *Außen*. *Aus* deaktiviert die Anzeige wieder.

❺ *Tiefe* verringert oder erhöht die Tiefe der Balken. Die beiden Extremwerte unseres Beispieldiagramms sehen so aus:

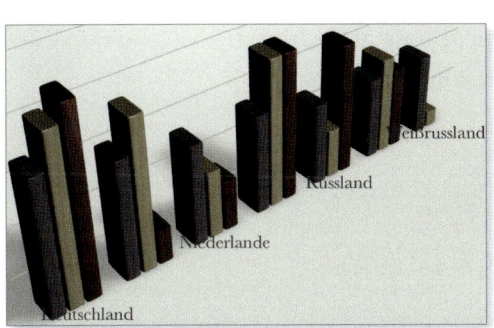 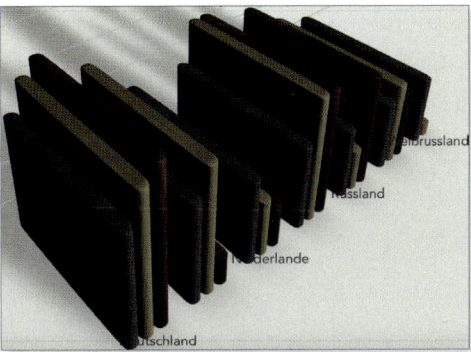

Das ist der Unterschied zwischen minimaler und maximaler Balkentiefe eines Diagramms.

Auch die Säulenform können wir von *Rechteck* in *Zylinder* ändern.

❻ Und zu letzt gibt es noch eine große Anzahl von Auswahlmöglichkeiten, was den *Diagrammtyp* angeht. Hier finden Sie noch einmal die *2D-Diagramme*, *3D-Diagramme* und *Interaktive Diagramme*, die Sie auch zu Beginn zur Verfügung hatten.

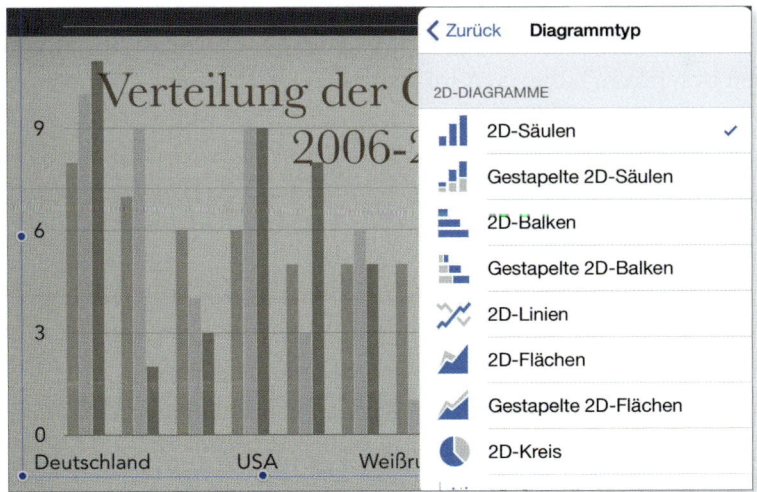

Wählen Sie auf Wunsch auch nachträglich einen alternativen Diagrammtyp aus.

Im Bereich *X-Achse* aktivieren Sie auf Wunsch noch die *Kategoriebeschr.*(iftungen), die *Datenreihennamen*, blenden *Gitternetzlinien* ein oder aus und blenden den *Achsennamen* ein oder aus.

Und auch die y-Achse hat eigene Einstellungsmöglichkeiten: Aktivieren Sie hier die *Wertebeschr.*(iftungen), legen Sie das *Zahlenformat* fest und stellen Sie außerdem ein, wo die Werte angebracht sein sollen (*Ort*). Die zur Verfügung stehenden Optionen sind: *Automatisch*, *Links* und *Rechts*.

Neben ein Einstellungen der *Werteskala* gibt es auch hier die Möglichkeit, *Gitternetzlinien* und *Achsenname* ein- oder auszuschalten.

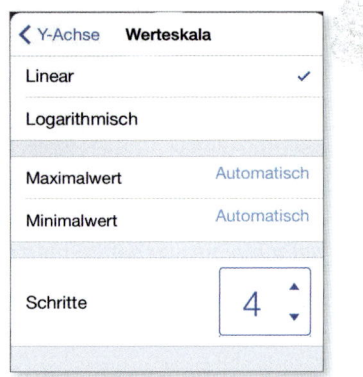

Selbst die Werteskala kann angepasst werden.

Diagramme anordnen und schützen

Sie können das Diagramm auch gezielt anordnen und schützen. Was die beiden Funktionen bewirken, haben wir im Rahmen der Textfeldoptionen beschrieben.

Formen

Eine weitere Art von Element, mit der Sie Ihre Präsentation verfeinern können, sind Formen. Diese sind immer dann hilfreich, wenn Sie einen Pfeil brauchen, ein Dreieck oder eine andere Form. Keynote bietet Ihnen dabei eine Reihe von vorgefertigten Formen an, lässt Sie aber auch selbst Formen definieren.

Formen einfügen

Tippen Sie auf das + in der Symbolleiste und wählen Sie dann die Rubrik *Formen* aus, die Sie ganz rechts finden.

Hier gibt es viele vorgefertigte Formen, Sie können aber auch selbst welche erstellen.

 Auch hier sieht es zunächst nach sehr viel Auswahl aus. Die verschiedenen Seiten bringen aber nur andere Farben.

Als Beispiel gestalten wir aus ein paar wenigen Formen ein Schild und fügen zunächst die beiden Formen ein.

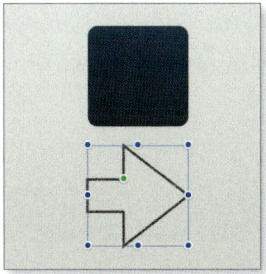

Aus diesen zwei Formen entsteht unser Schild.

Formen anpassen

Zunächst passen wir die Größe an. Dazu tippen Sie auf die gewünschte Form und ziehen dann die Marker an Seiten und Ecken auf die gewünschte Form und Größe.

 Hat eine Form einen grünen Marker, ändern Sie darüber die Form. Die blauen Marker sind für die Größenänderung zuständig.

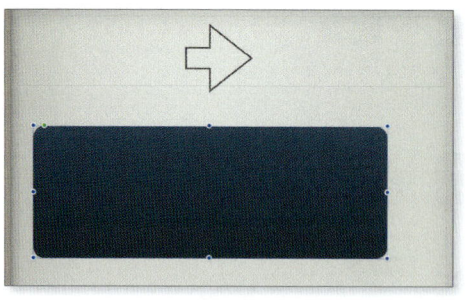 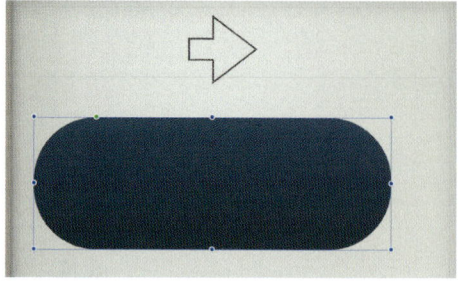

Über grüne Marker lässt sich die Form ändern und es lassen sich wie in diesem Beispiel die Ecken abrunden.

Wenn Sie Formen und Größen in etwa angepasst haben, können Sie noch die weiteren Eigenschaften festlegen. Dazu bedienen wir uns erneut der Darstellungsoptionen.

Darstellungsoptionen von Formen

Wenn Sie bereits die Darstellungsoptionen der anderen Elemente kennen, werden Sie bei den Formen nichts Neues finden. Im Bereich *Stil* können Sie zunächst noch die Farbe und Struktur der Form anpassen, die *Stiloptionen* bieten dann die drei bereits bekannten Menüs für *Füllung*, *Rahmen* und *Effekte*.

Mit Schatten, Spiegelung, einem weißen Rahmen und reduzierter Deckkraft sieht das Ganze dann so aus:

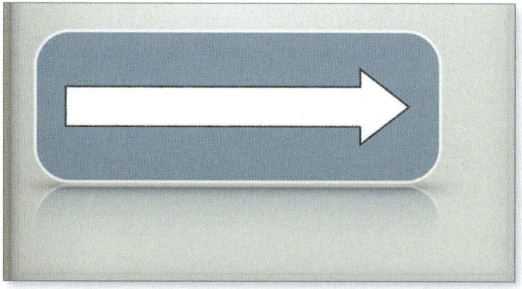

Aufgrund der vorhandenen Farben sind wir bei der Gestaltung unseres Schildes etwas eingeschränkt.

Formen beschriften

Möchten Sie eine Form beschriften, doppeltippen Sie darauf und geben dann den gewünschten Text ein.

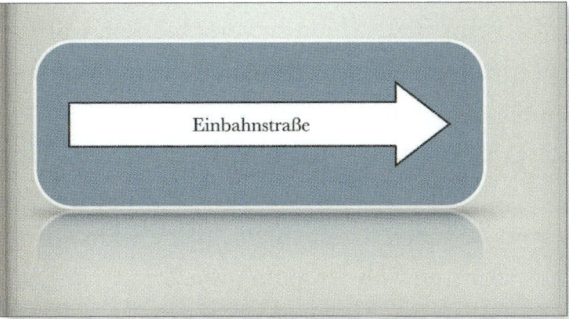

Würde im Straßenverkehr nicht durchgehen, als Beispiel ist es aber ganz gut geworden.

Inhalte über die Zwischenablage kopieren

Um über die Zwischenablage Inhalte kopieren zu können, tippen Sie zunächst einmal auf das zu kopierende Element. Dabei ist es egal, um welchen Typ von Element es sich handelt. Wir zeigen Ihnen das exemplarisch anhand eines Textfeldes und eines Fotos.

Wenn Sie eines der Elemente in Keynote antippen, erhalten Sie das entsprechende Menü, mit dem Sie die Zwischenablagefunktionen nutzen können.

❶ Um das Element an eine neue Stelle zu verschieben, wählen Sie *Ausschneiden*.

❷ Soll das Element hier verbleiben und zusätzlich an der neuen Stelle eingefügt werden, wählen Sie *Kopieren*.

❸ Das Element lässt sich auch einfach nur entfernen. Tippen Sie dazu auf *Löschen*.

❹ Möchten Sie einen *Kommentar* einfügen, tippen Sie auf die entsprechende Schaltfläche. Im nächsten Schritt geben Sie Ihren Namen ein, damit Ihnen der Kommentar auch zugeordnet werden kann.

> **!** Sie können die **Einstellung** des Namens später in den **Einstellungen** wieder ändern. Tippen Sie dazu in der Symbolleiste auf den Schraubenschlüssel und wählen Sie **Einstellungen** und dort **Name des Verfassers**.

Kommentare helfen dabei, fragliche Dinge zu beschriften.

Der Kommentar wird mit Ihrem Namen und einem Zeitstempel eingefügt. Über die Leiste unten lassen sich Kommentare löschen und Sie können per Pfeiltasten zum nächsten oder vorherigen Kommentar springen.

Der kleine gelbe Marker zeigt es an: Hier gibt es einen Kommentar. Tippen Sie auf das gelbe Quadrat, um den Text anzuzeigen und wieder auszublenden.

❺ Möchten Sie das Element animieren, tippen Sie ganz rechts, um zur weiteren Auswahl zu gelangen; dazu später mehr im Abschnitt „Übergänge und Animationen".

> **!** Wenn Sie nicht das Textfeld antippen, sondern auf den Text doppeltippen, erhalten Sie weitere Möglichkeiten über das Menü. Dann können Sie das markierte Wort durch etwas anderes **Ersetzen …** lassen, eine **Markierung** oder einen **Kommentar** hinzufügen. Tippen Sie dagegen auf **Stil …**, lässt sich der (Schrift-) **Stil kopieren** und mit **Stil einsetzen** auf einen anderen Text anwenden.

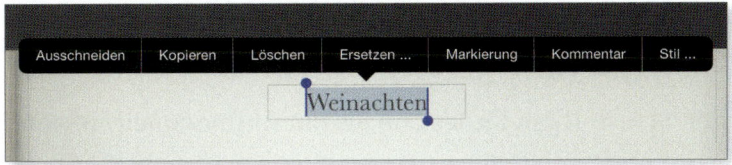

Doppeltippen Sie auf einen Text, erhalten Sie weitere Optionen.

Die Werkzeuge von Keynote

Mit dem Einfügen von Elementen und den dazugehörigen Darstellungsoptionen haben wir bereits zwei der drei großen Menüs in der Symbolleiste besprochen. Wir arbeiten uns weiter vor und widmen uns nun der dritten Säule in Keynote: den Werkzeugen. Tippen Sie auf den Schraubenschlüssel, um die verfügbaren Optionen zu sehen.

Diese Werkzeuge werden angeboten; mit dabei die wichtigen „Übergänge & Animationen".

Übergänge und Animationen

Das Salz in der Präsentationssuppe sind Übergänge und Animationen. Folien, die nur Text und Bilder enthalten, können Sie zur Not auch in einer Textverarbeitung gestalten. Was Word & Co. aber nicht können, sind Spezialeffekte.

Wenn Sie diesen Punkt antippen, gelangen Sie sofort in den entsprechenden Modus.

> **!** In den Modus **Übergänge & Animationen** kommen Sie übrigens auch, wenn Sie ein Element im Hauptbereich oder eine Folie in der Spalte links antippen und **Animieren** wählen.

Im nächsten Schritt legen Sie fest, ob Sie die Animationen auf ein Objekt oder eine Folie anwenden möchten.

Objekte animieren

Zunächst möchten wir ein Objekt animieren und tippen daher auf eine der beiden Formen, aus denen unser Schild besteht. Jetzt müssen Sie erst einmal bestimmen, ob Sie einen *Aufbau* oder einen *Abbau* definieren möchten. Der Unterschied ist ganz einfach: Bei einem Aufbau erscheint etwas, bei einem Abbau verschwindet etwas.

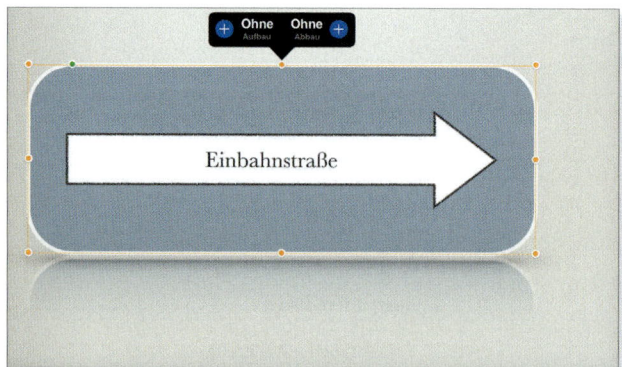

Wir möchten unser Verkehrsschild animieren und wählen es aus.

Unser Ziel: Das Schild soll sich optisch ansprechend aufbauen und dann wieder verschwinden. Dazu nutzen wir möglichst viele unterschiedliche Animationen.

Tippen Sie zunächst auf das eingekreiste + im Bereich *Aufbau*. Es erscheint eine Liste aller verfügbaren *Aufbau*-Animationen.

Die Liste lässt sich noch weit nach unten scrollen; Sie haben also eine große Auswahl.

Wählen Sie eine Animation aus. Wenn Sie sehen möchten, was sie bewirkt, tippen Sie auf *Vorführen*.

Wir wählen für das Schild selbst den Effekt *Konfetti* und für den Pfeil *Blitzlichter*.

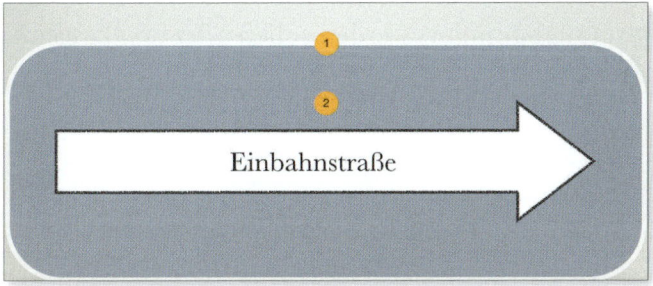

Anhand der Ziffern auf den Formen ist zu sehen, dass es sich um zwei Animationen handelt.

 Tippen Sie auf eine der Ziffern, um zu sehen, welche Animation damit verknüpft ist. Außerdem lassen sich dann für jede einzelne Animation Anpassungen vornehmen.

Animationen anpassen

Haben Sie eine oder mehrere Animationen eingebaut, bekommen Sie Zugriff auf die weiteren Bereiche *Optionen*, *Ablauf* und *Abfolge*.

- *Optionen*: Hier stellen Sie ein, wie lange die Animation dauern soll (*Dauer*), wie sie gestartet wird (*Per Tippen* oder *Nach Übergang*) und ob es eine *Verzögerung* (in Sekunden) geben soll. Hat eine Animation noch weitere Einstellungsmöglichkeiten, finden Sie sie ebenfalls hier.

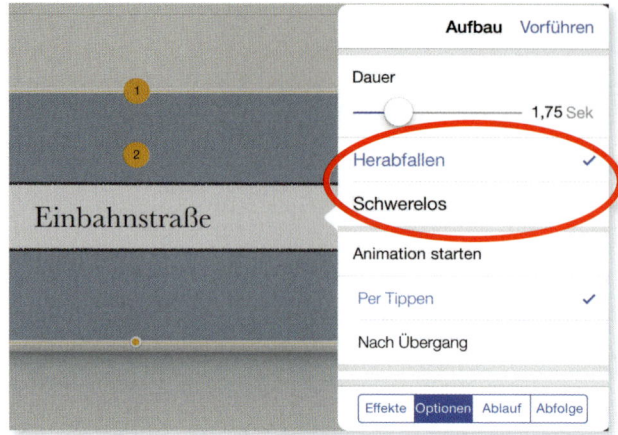

Die Animation „Konfetti" hat eigene Einstellungen, die Sie im Bereich „Optionen" finden.

- *Ablauf*: Geben Sie hier an, ob irgendwelche Elemente innerhalb der Animation bevorzugt animiert werden sollen oder ob *Alle gleichzeitig* abzulaufen haben.

 Somit können Sie z. B. in Textaufzählungen jeden Aufzählungspunkt einzeln aufrufen oder Tabellen schrittweise aufbauen. Selbst Diagramme (z. B. Tortendiagramme) können via Ablauf Keil für Keil aufgebaut werden (siehe Seite 115).

- *Abfolge*: Hier finden Sie eine Auflistung aller eingetragenen Animationen. Ändern Sie die Reihenfolge, um festzulegen, was zuerst passiert und was danach.

 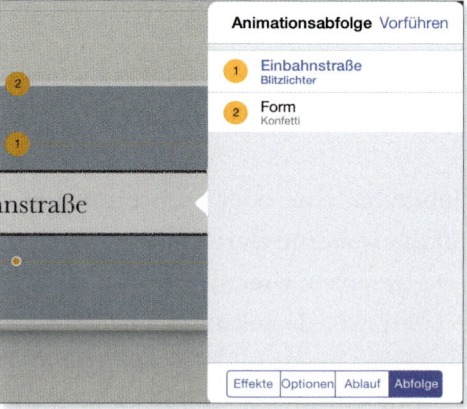

Indem Sie diese Reihenfolge ändern, verschieben sich auch die Animationen in der Folie.

Gehen Sie nun entsprechend mit den *Abbau*-Animationen vor.

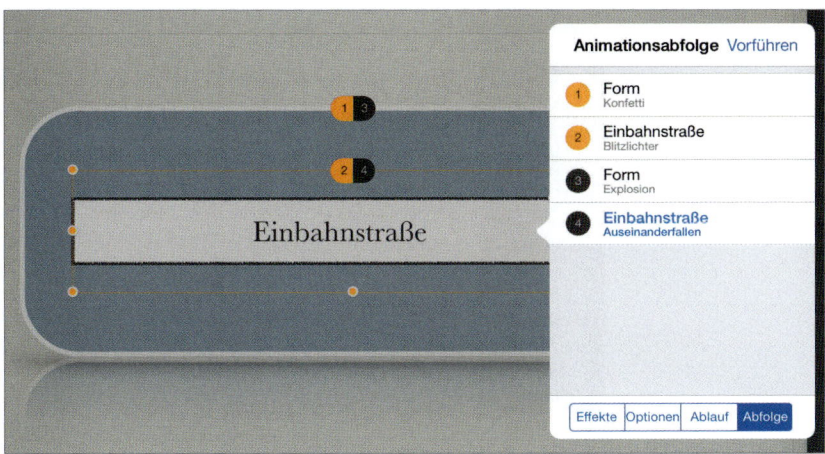

So sieht dann die fertige Animation in der festgelegten Abfolge aus.

Sie erkennen *Aufbau*-Animationen an den gelben Kreisen und *Abbau*-Animationen an den dunkelgrauen Kreisen. So kommen Sie nicht durcheinander.

Folien animieren

Wir bleiben im Animationsmodus und animieren im nächsten Schritt eine Folie. Ein sehr schöner Effekt ist in diesem Zusammenhang *Zauberei*. Diesen Effekt nehmen wir als Beispiel. Wir tippen also auf eine Folie und erhalten die Info, dass es noch keine Animation gibt (*Ohne*). Das + bringt uns zum Menü.

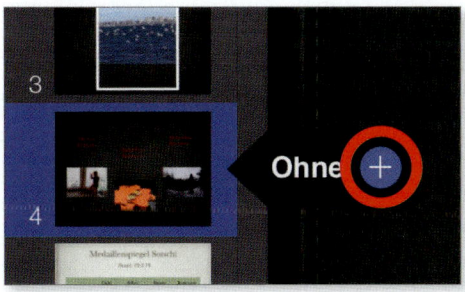

Diese Folie hat noch keine Animation. Über das „+" fügen wir eine Animation hinzu.

Das Prinzip von *Zauberei* ist folgendes: Von einer Folie werden alle Elemente, die es auf der darauf folgenden Folie ebenfalls gibt, wie von Zauberhand an die neue Position verschoben. Dabei ist es natürlich sinnvoll, eine Kopie der Ausgangsfolie zu erstellen. Dann sind alle zu verzaubernden Elemente bereits vorhanden. Keynote ist so schlau und nimmt uns diese Arbeit ab.

Keynote erstellt auf Wunsch automatisch ein Duplikat der Folie für die Animation „Zauberei".

Nun verschieben wir auf der ersten Folie alle Elemente kreuz und quer. Der Gedanke dahinter: Zauberei soll die Folie dann automatisch so sortieren, wie es in der Zielfolie der Fall ist.

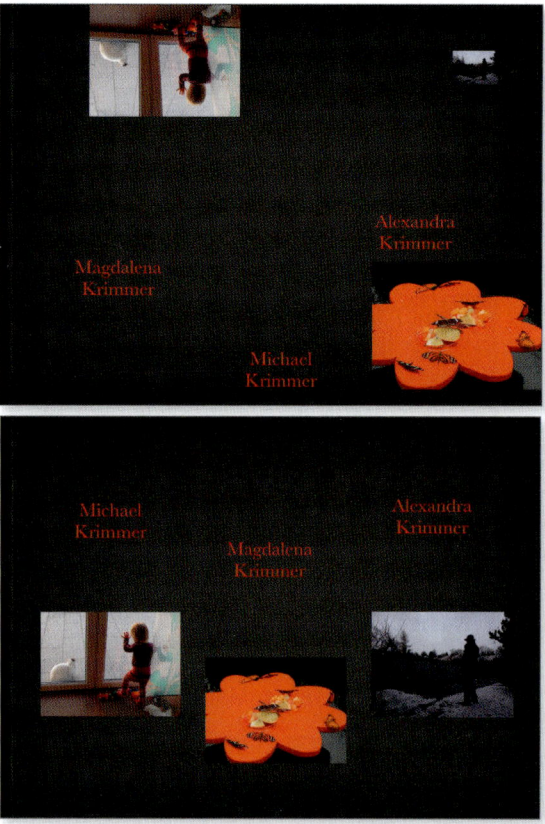

Oben sehen Sie die Ausgangsfolie, unten das Ziel. Und auch die Größenänderungen und Spiegelungen werden mit einbezogen.

 Trotz einer Folienanimation können Sie jedes Objekt auch noch gesondert animieren. Das eine schließt das andere nicht aus. Allerdings werden bei **Zauberei** Aufbauanimationen auf der zweiten Folie ignoriert.

Animationen anpassen

Tippen Sie auf eine Folienanimation, um im Bereich *Effekte* einen anderen Übergang auszuwählen. Im Bereich *Optionen* finden Sie Einstellungen, die Sie bereits von den Objektanimationen kennen: *Dauer*, *Übergang starten* und *Verzögerung*.

Folienanimationen lassen sich wie Objektanimationen anpassen.

Hat eine Animation noch eigene Einstellungen wie *Ablauf und Beschleunigung* bei *Zauberei*, finden Sie diese ebenfalls in den *Optionen*.

Wenn Sie mit allen Animationen fertig sind, tippen Sie rechts oben auf die gleichnamige Taste. Mit *Widerrufen* machen Sie die jeweils letzte Änderung rückgängig.

Suchen und Ersetzen

Wählen Sie in den Werkzeugen den Punkt *Suchen*, erhalten Sie eine Suchmaske, mit der Sie bestimmte Inhalte der Folie aufstöbern können.

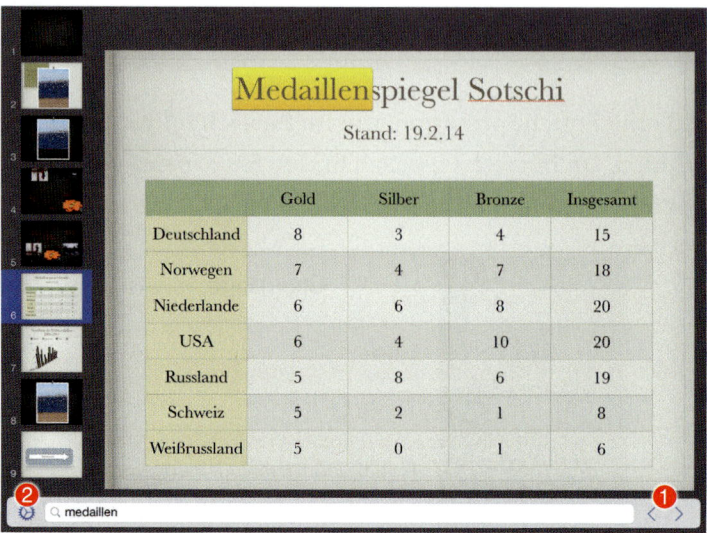

Tippen Sie auf die Pfeile ganz rechts, um zu weiteren Treffern davor und danach zu gelangen.

Über die beiden Pfeile ganz rechts ❶ springen Sie direkt zum Treffer davor oder danach. Tippen Sie auf das kleine Zahnrad links ❷ , um die Suche anzupassen.

Für exaktere Treffer grenzen Sie die Suche ein. Keynote bietet dafür einige Optionen.

Bei *Suchen und Ersetzen* erhalten Sie ein zweites Eingabefeld, mit dem Sie Ersetzungen vornehmen können. Aktivieren Sie *Groß/klein*, falls Wörter nur dann angezeigt werden sollen, wenn die angegebene Groß- und Kleinschreibung übereinstimmt. Und *Ganze Wörter* sorgt dafür, dass beispielsweise bei der Suche nach „Medaillen" das Wort „Medaillenspiegel" nicht gefunden wird, da es sich dabei nicht exakt um das Wort „Medaillen" handelt.

 Die Suche funktioniert folienübergreifend. Sie müssen also nicht jede Folie einzeln durchsuchen, sondern erhalten alle Treffer in allen Folien der Präsentation.

Moderatornotizen

Moderatornotizen sind Texte, die während einer Präsentation nur dem Vortragenden angezeigt werden. Den Zuschauern bleiben sie verborgen. Allerdings funktioniert das System nur dann, wenn die Präsentation über einen externen Monitor wiedergegeben wird. Dann werden die Folien beispielsweise über einen Beamer ausgegeben und die Moderatornotizen auf dem iPad.

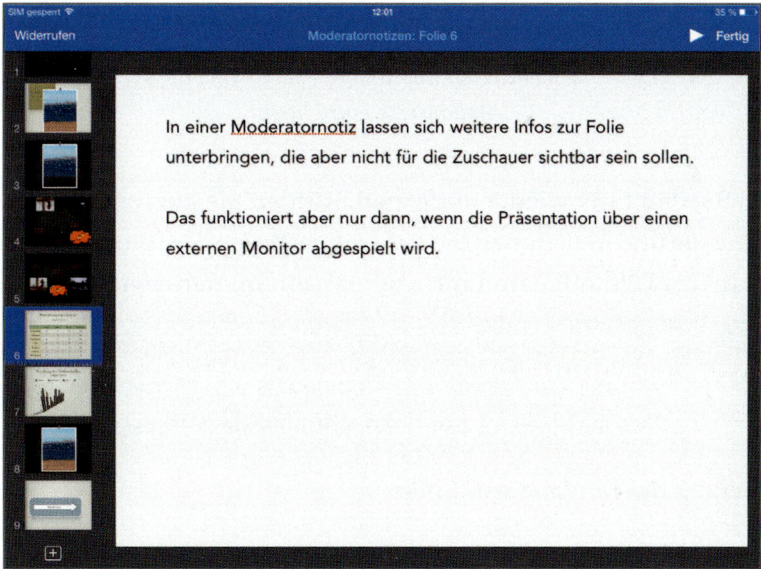

Moderatornotizen bieten viel Platz für ergänzende Infos zu den Folien.

 Pro Folie ist eine Moderatornotiz möglich.

Präsentations-Werkzeuge

Interaktive Links

Über diese Option können Sie einem Element in einer Ihrer Folien einen Link zu einer anderen Folie zuweisen. Alle verfügbaren Möglichkeiten finden Sie im Bereich *Folie*. Es ist aber auch möglich, dass Sie auf eine *Webseite* oder eine *Mail*-Adresse verlinken. Ist der Link festgelegt, bringt Sie ein Tippen auf das Element zur entsprechenden Folie oder öffnet Safari bzw. Mail.

Interaktive Links lassen sich entweder auf andere Folien, auf eine Webseite oder auf eine Mailadresse einrichten.

Möchten Sie den Link wieder entfernen, wählen Sie bei *Folie* die Option *Ohne* aus. Bei *Webseite* und *Mail* tippen Sie auf *Link entfernen*. Um einen Link zu ändern, tippen Sie in das Feld mit dem Link und passen ihn dann wie gewünscht an.

 Sie können einem Mail-Link auch gleich einen Betreff mitgeben. Dann trägt die Mail-App nicht nur die Adresse des Empfängers ein, sondern auch den Betreff. Geben Sie dazu als Mail-Link **name@nachname.de?subject=Betreff** an.

Fertig beendet die Eingabe von Links.

Soundtrack

Bei *Soundtrack* weisen Sie Ihrer Präsentation eine musikalische Untermalung zu. Tippen Sie dazu nach *Soundtrack* auf *Audio auswählen* und wählen Sie dann die gewünschte Musik aus, indem Sie auf den Titel tippen.

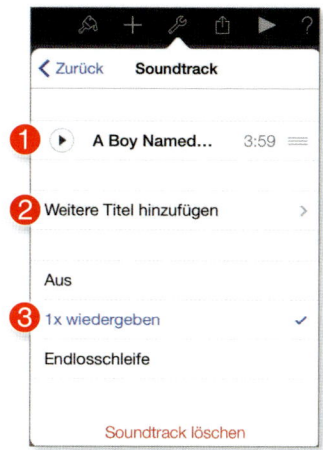

Der erste Soundtracktitel ist festgelegt.

❶ Hier werden die eingetragenen Titel angezeigt. Über die Wiedergabetaste können Sie auch mal reinhören.

❷ Tippen Sie hier, um weitere Titel hinzuzufügen.

❸ Schalten Sie hier den Soundtrack aus, ohne die Titel löschen zu müssen. Oder geben Sie an, wie oft die Musik abgespielt werden soll.

> **!** Haben Sie mehr als einen Titel eingetragen, können Sie über die Greifer rechts die Reihenfolge ändern. Packen Sie sich einen Song und schieben Sie ihn an die gewünschte Stelle.

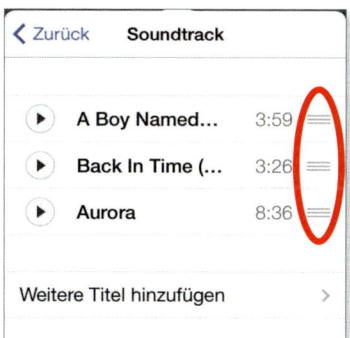

Die Reihenfolge der Titel lässt sich nachträglich ändern.

Ganz unten können Sie den *Soundtrack löschen*.

Präsentationstyp

Hier haben Sie ebenfalls interessante Optionen, was den Typ der Präsentation angeht.

In diesem Menü legen Sie fest, um welche Art von Präsentation es sich handelt.

- *Endlospräsentation*: Normalerweise ist Schluss, sobald die letzte Folie gezeigt wurde. Aktivieren Sie diese Option, ist das anders. Sobald die letzte Folie angezeigt wurde, geht es wieder mit der ersten Folie weiter. Das geht dann so lange, bis Sie die Präsentation manuell beenden.
- *Bei Inaktivität neu starten*: Aktivieren Sie diesen Punkt und geben Sie einen Zeitraum an. Wurde so lange keine Eingabe mehr gemacht, beginnt die Präsentation wieder von vorn.
- *Normal*: Die Präsentation läuft wie beim Erstellen geplant. Per Klicks oder automatisch beginnen Animationen oder wechseln die Folien.
- *Nur Link*: Hier geht es nur in der Präsentation weiter, wenn ein Link angeklickt wird.
- *Selbstlaufend*: Die Präsentation läuft vollautomatisch ab. Das kann zum Beispiel an einem Messestand hilfreich sein. Geben Sie an, welche Verzögerungen beim Übergang gelten sollen und welche Verzögerungen bei Animationen. Kurz: Wann soll was automatisch passieren?

Fernbedienung erlauben

Sie haben bei Keynote für OS X bereits kennengelernt, dass Sie mit einem mobilen Gerät wie dem iPad oder iPhone die Präsentationen an einem Mac steuern können. Das geht auch beim iPad mit einem anderen iOS-Gerät. Klicken Sie dazu auf den Schalter bei *Remotes aktivieren*.

 Damit das klappt, müssen sich beide iOS-Geräte im selben WLAN befinden. Außerdem muss an dem Gerät, mit dem Sie das andere fernsteuern wollen, ein Link zum Koppeln der Geräte angestoßen werden.

Geräte verbinden

Damit die Fernsteuerung klappt, müssen sich beide Geräte zunächst einmal kennenlernen. Damit wird verhindert, dass die Zuschauer Ihre Präsentation steuern können. Wir gehen im folgenden Beispiel davon aus, dass die Präsentation auf dem iPad laufen soll und zur Fernsteuerung ein iPhone verwendet wird.

1. Wechseln Sie auf dem iPad in die *Präsentations-Werkzeuge* und rufen Sie *Fernbedienung erlauben* auf. Aktivieren Sie *Remotes aktivieren*. Jetzt wird zunächst bemängeln, dass das iPad keine Fernbedienung finden kann.

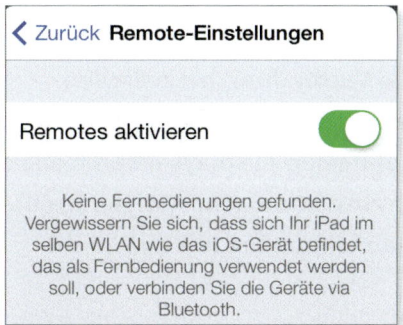

Noch findet das iPad keine Fernbedienung. Das ändert sich gleich.

2. Starten Sie auf dem iPhone Keynote und tippen Sie in der Übersicht aller Präsentationen auf das Remotesymbol links oben.

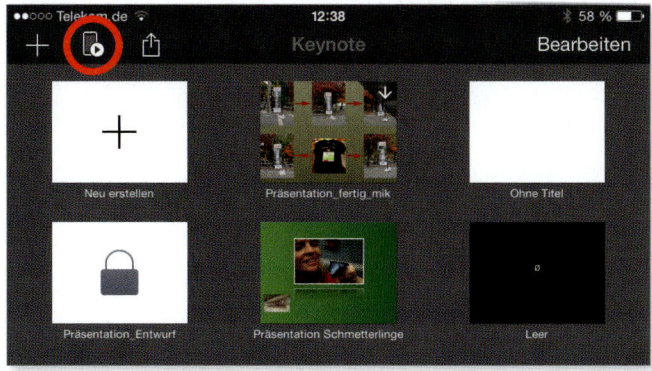

Tippen Sie auf der Fernbedienung (hier auf dem iPhone) auf das Remotesymbol.

3. Rufen Sie dann auf dem iPhone *Geräte* und *Add a Device* auf, um ein neues Gerät hinzuzufügen.

Das iPhone macht auf sich aufmerksam.

4. Nun findet auch das iPad das iPhone und bietet einen Link an. Tippen Sie darauf, um die Verbindung herzustellen.
5. Damit auch sicher ist, dass sich Ihre beiden Geräte gefunden haben, bekommen Sie auf beiden Displays einen Code angezeigt. Nur wenn diese Ziffern übereinstimmen, bestätigen Sie dies auf dem iPad mit *Confirm*. Ansonsten lehnen Sie mit *Cancel* ab.

Erst wenn Sie den angezeigten Code am zweiten Gerät bestätigen, wird die Verbindung hergestellt.

Einstellungen

Im Bereich *Einstellungen* gibt es noch weitere Dinge, die Sie ein- oder ausschalten können. Wir zeigen Ihnen die Optionen in einem kurzen Überblick:

Korrektur

Möchten Sie sich während der Texteingabe Korrekturvorschläge anzeigen lassen, aktivieren Sie diesen Punkt.

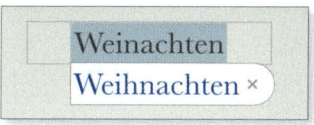

Keynote identifiziert den Vertipper und bietet eine Korrektur an.

Foliennummern

Aktivieren Sie diesen Punkt, wird auf jeder bereits bestehenden Folie am unteren Rand eine fortlaufende Nummer eingeblendet. Fügen Sie eine neue Folie hinzu oder verschieben Sie Folien, werden die Foliennummern automatisch angepasst.

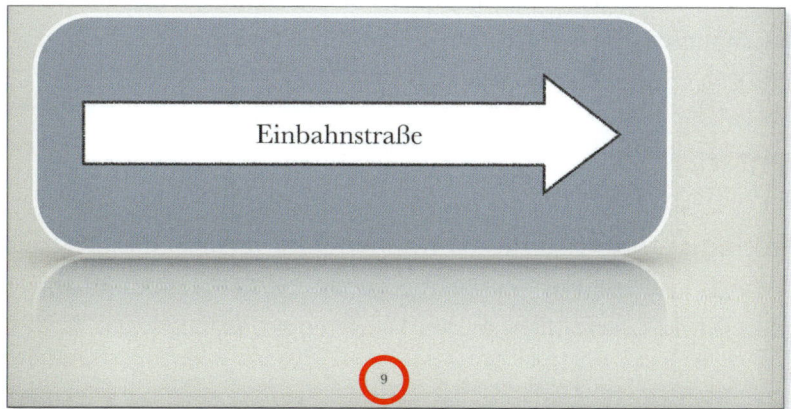

Automatische Foliennummern helfen beim Durchnummerieren.

Hilfslinien

Beim Ausrichten von Elementen haben wir bereits auf die hilfreiche Funktion hingewiesen, dass Ihnen Hilfslinien angezeigt werden, sobald sich das zu verschiebende Element an einem bestimmten Punkt befindet.

Diese beiden Hilfslinien zeigen an, dass sich das Bild horizontal und vertikal in der Mitte befindet. Verschieben Sie es nach links/rechts oder oben/unten, verschwindet eine der Hilfslinien.

In diesem Menü können Sie die Hilfslinien an- und ausschalten, die Ihnen mitteilen, ob sich ein Element *Mittig* befindet, in Relation zu *Kanten* und ob Sie Hilfslinien möchten, die den Abstand zu anderen Elementen anzeigen (*Hilfslinien für Abstand*).

Kommentare

Wenn Sie einmal Ihre eingefügten Kommentare nicht benötigen, müssen Sie sie nicht gleich löschen. Für ein vorübergehendes Ausblenden deaktivieren Sie einfach den Punkt *Kommentare* in den Werkzeuge-*Einstellungen*.

Name des Verfassers

Immer wenn Sie einen Kommentar eingeben, wird er mit Ihrem Namen versehen. Das hilft dabei zu erkennen, wer was kommentiert hat. Möchten Sie den Namen nachträglich ändern, können Sie das unter *Name des Verfassers* tun.

Kennwort festlegen

Jede Ihrer Präsentationen lässt mit einem Kennwort versehen. Dann kann sie nur noch von Personen geöffnet werden, die das Kennwort kennen.

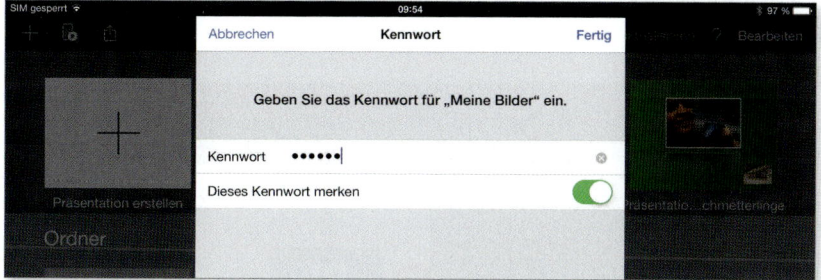

Nur wer das Kennwort kennt, kann die Präsentation öffnen.

 Wenn Sie das Kennwort an diesem Gerät nicht jedes Mal neu eingeben möchten, aktivieren Sie **Dieses Kennwort merken**. Beachten Sie aber dabei, dass somit der Sinn des Kennwortschutzes zumindest an diesem Gerät aufgehoben wird.

Kennwort vergeben

Um ein Kennwort zu vergeben, tippen Sie in den *Einstellungen* der *Werkzeuge* auf *Kennwort festlegen*. Daraufhin erscheint ein Fenster, in das Sie zwei Mal das Kennwort und – optional – eine Merkhilfe eingeben. Mit *Fertig* speichern Sie die Einstellungen.

Nun sehen Sie schon in der Übersicht Ihrer Präsentationen, dass die Datei geschützt ist.

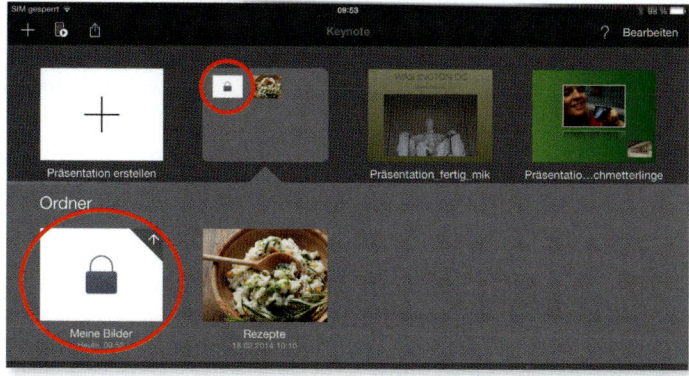

Selbst die Vorschau auf die erste Folie ist nicht erlaubt, wenn die Datei ein Kennwort erfordert.

Drucken

Verfügen Sie über einen AirPrint-fähigen Drucker, lässt sich eine Präsentation auch direkt vom iPad aus über das WLAN drucken. Dabei haben Sie natürlich auch wieder einige Möglichkeiten, um das Ergebnis an Ihre Vorstellungen anzupassen.

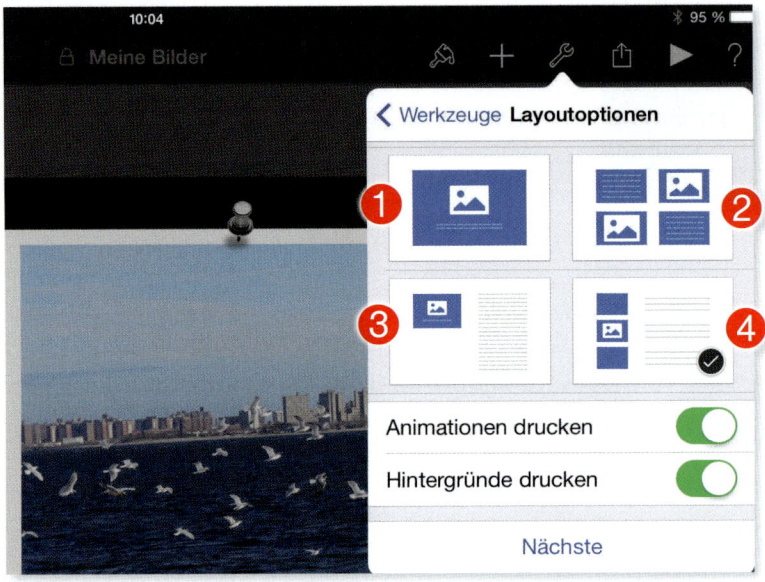

Auch beim Drucken haben Sie einige Einstellungsmöglichkeiten.

Zunächst geben Sie das Layout an. Dabei haben Sie vier Möglichkeiten:

❶ Der Standard: Jede Folie wird separat ausgedruckt und zwar so, dass die Folie in der Breite auf eine Seite passt.

❷ Damit drucken Sie vier Folien auf einer Seite. Als Handout zum Mitlesen nicht so gut geeignet, erlaubt diese Option aber einen schnellen Überblick über die Präsentation.

❸ Mit dieser Einstellung drucken Sie eine Folie pro Seite inklusive etwaiger Moderatornotizen.

❹ Hiermit drucken Sie pro Seite drei Folien mit Moderatornotizen.

Gleich darunter legen Sie außerdem fest, ob Sie *Animationen drucken* und/oder *Hintergründe drucken* möchten.

Mit *Nächste* kommen Sie zum nächsten Schritt. Dort wählen Sie dann bei Bedarf noch den *Drucker* aus, legen den *Bereich* (also die zu druckenden Seiten) fest und ob Sie *1 Kopie* oder mehr haben möchten. Mit *Drucken* schicken Sie den Auftrag ab.

Bereitstellen

Über dieses Menü teilen Sie Inhalte aus Keynote mit anderen Personen oder anderen Apps.

Link via iCloud bereitstellen

Der einfachste Weg, um jemanden dazu einzuladen, Ihre Präsentation anzusehen, geht über die iCloud. Wenn Sie diesen Punkt zum ersten Mal auswählen, gibt es eine kurze Information.

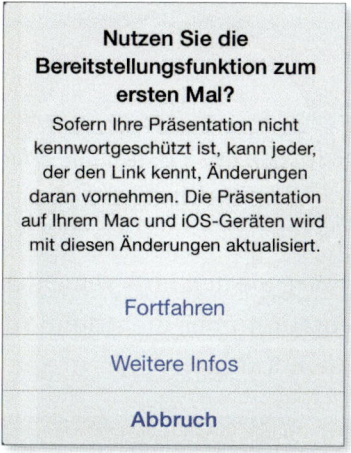

Denken Sie bei der Freigabe von iCloud-Links daran, dass jeder darauf zugreifen kann, der den Link kennt. Im Zweifel vergeben Sie vorher ein Kennwort.

Fortfahren erstellt den Link und bringt Sie zum nächsten Schritt. Wählen Sie nun aus, auf welchem Kanal Sie die Freigabe verschicken möchten. Zur Auswahl stehen *Nachrichten*, *Mail*, *Twitter* und *Facebook*.

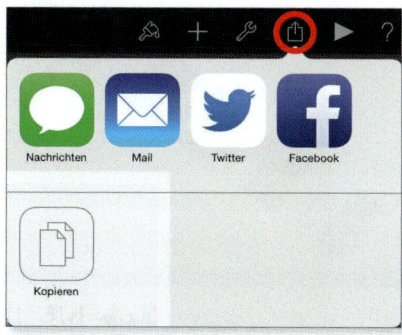

Über diese Apps und Dienste können Sie den Link verschicken.

Sie können mit *Kopieren* den Link aber auch in die Zwischenablage packen und ihn dann manuell in die App Ihrer Wahl einfügen.

Wir wählen als Beispiel *Mail* und tippen entsprechend darauf. Daraufhin startet die Mail-App, erstellt eine neue Nachricht und fügt den Betreff und den Link automatisch ein. Sie können dann noch den Text modifizieren, die Mailadresse des Empfängers eingeben und auf *Senden* tippen.

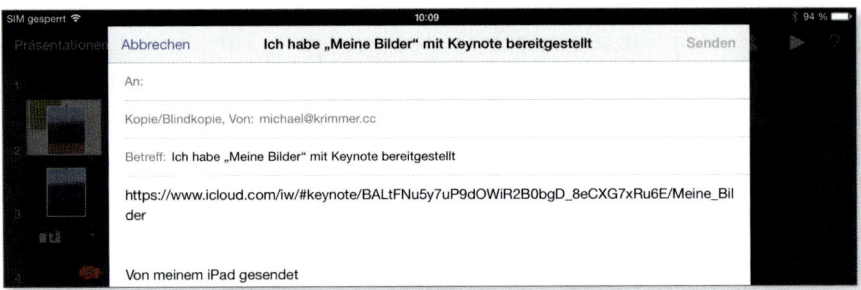

Die Mail mit dem Link wird automatisch erstellt und erfordert nur noch die Angabe eines Empfängers.

Ganz egal, über welchen Weg Sie den Link verschicken – klickt der Empfänger darauf, kann er die Präsentation über die iCloud nicht nur betrachten. Er ist auch in der Lage, in gewissem Rahmen Änderungen vorzunehmen.

Die freigegebene Präsentation kann dann per iCloud angesehen, abgespielt und geändert werden.

Kopie senden

Möchten Sie nicht den Link zu einer Präsentation in der iCloud, sondern die Datei selbst verschicken, wählen Sie *Kopie senden*. Dann haben Sie aber nur noch die Wahl zwischen *Nachrichten* und *Mail* beziehungsweise den vom Import von Daten bereits bekannten Diensten *iTunes* und *WebDAV*.

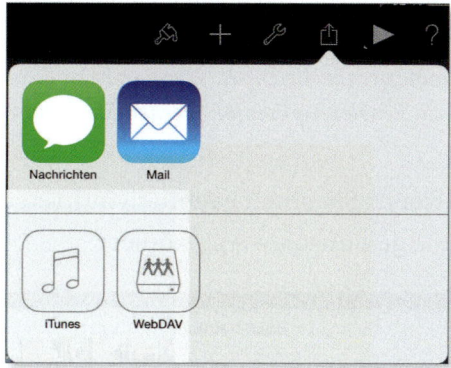

Beim Senden einer Kopie haben Sie diese Wahlmöglichkeiten.

Der weitere Schritt ist dann unabhängig von der Wahl davor.

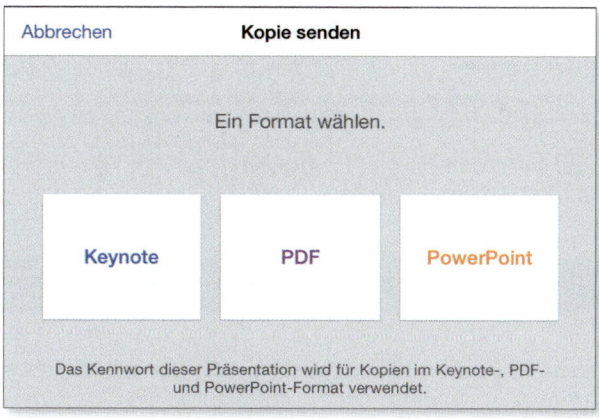

*Beim Senden einer Kopie wählen Sie zwischen den Formaten „Keynote",
„PDF" und „PowerPoint".*

Daraufhin erstellt Keynote die Datei und leitet sie an den vorher ausgewählten Dienst weiter.

 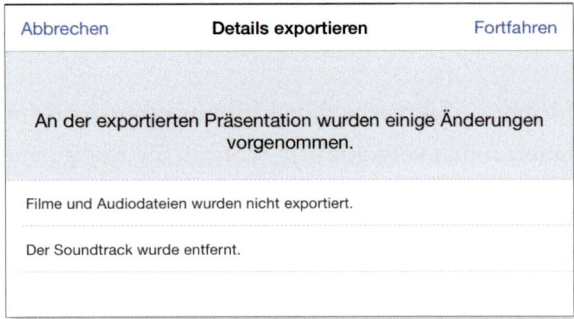

Im Bild links erstellt Keynote gerade die Datei. Wenn es beim Export (hier am Beispiel von PowerPoint) zu Problemen kommt, werden Sie darüber informiert.

Mit Fortfahren ignorieren Sie einen eventuell auftretenden Hinweis. Daraufhin wird die Datei in die gewünschte App kopiert.

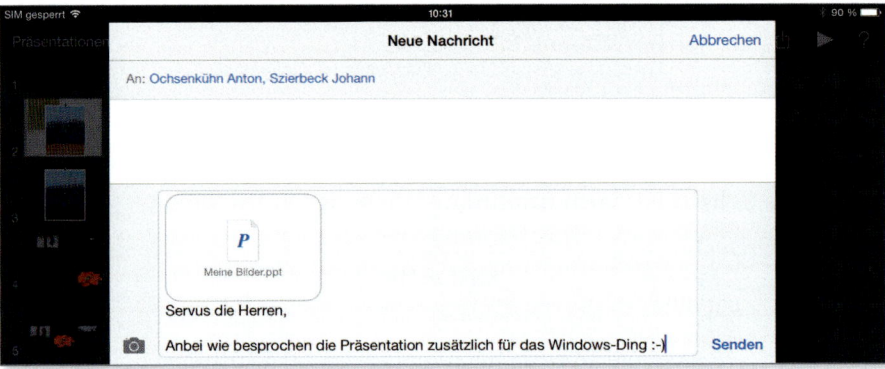

Ihre Präsentation im PowerPoint-Format ist nun bereit für den Versand via Nachrichten-App.

Dateien auf WebDAV-Server speichern und öffnen

Bevor wir nun zum Export von Präsentationen kommen, noch einmal zurück zum Thema WebDAV:

Neben der Speichermöglichkeit im iPad-Speicher, der iCloud oder dem Datenaustausch per iTunes gibt es noch einen weiteren Weg, wie Sie Keynote-Präsentationen vom iPad aus speichern und wieder laden können: WebDAV.

Um WebDAV nutzen zu können, benötigen Sie Zugang zu einem entsprechenden Server. Diese Serverdaten werden auch abgefragt, sie sind also zwingend erforderlich. Wenn es beispielsweise in Ihrer Firma einen entsprechenden Server gibt, erfahren Sie die dazugehörigen Daten in der Regel vom Administrator.

Präsentationen auf WebDAV speichern

Um eine Präsentation zu speichern, tippen Sie auf das *Bereitstellen*-Symbol und wählen dann *WebDAV* aus.

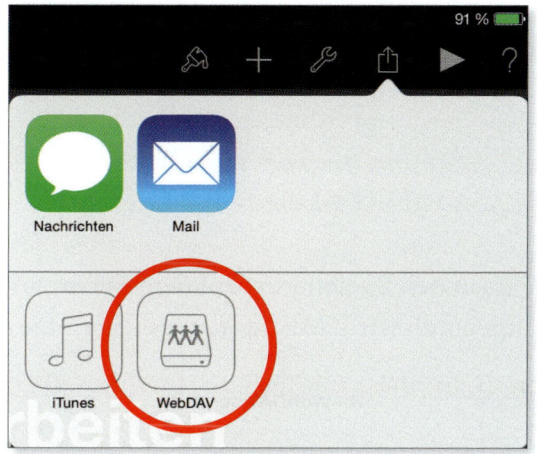

Die „WebDAV"-Option finden Sie im „Bereitstellen"-Menü.

Geben Sie dann im nächsten Schritt *Serveradresse*, *Benutzername* und das *Kennwort* ein. Tippen Sie dann auf *Anmelden*.

Abbrechen	**WebDAV-Anmeldung**	Anmelden
Serveradresse	http://severadresse	
Benutzername	Name des Benutzers	
Kennwort	●●●●●●●●●●●	
	Mehr zu WebDAV erfahren	

Geben Sie die Adresse und die Zugangsdaten an.

Jetzt ist es an der Zeit, das Format anzugeben, das Sie zur Speicherung nutzen möchten. Auch hier haben Sie die Wahl zwischen *Keynote*, *PDF* oder *PowerPoint*.

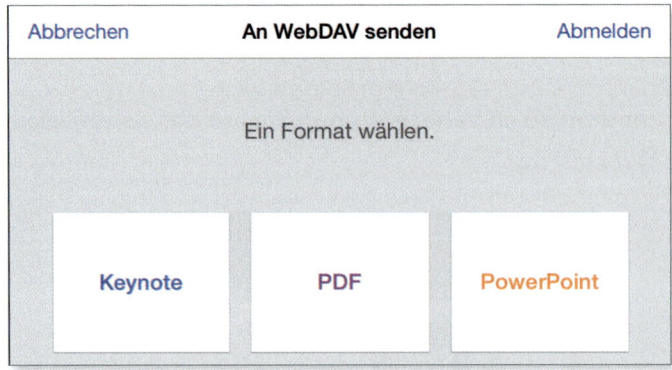

Auch WebDAV erlaubt die Wahl des Formats.

Zuletzt geben Sie noch den Speicherort auf dem Server an, sofern Ihnen eine Wahlmöglichkeit angeboten wird. Mit *Senden* speichern Sie die Datei ab.

Die Datei wird auf dem WebDAV-Server abgespeichert.

Präsentationen von WebDAV laden

In der Übersicht aller Präsentationen (da, wo Sie auch neue anlegen können), gibt es im +-Menü die Option *Von WebDAV kopieren*.

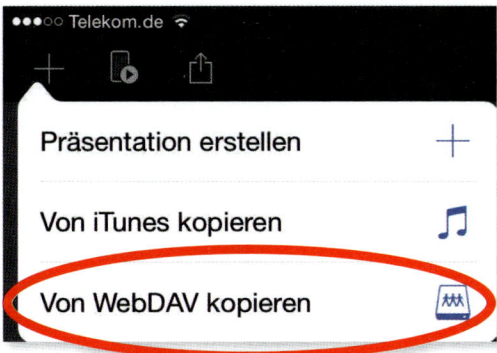

Natürlich lassen sich Präsentationen per WebDAV auch laden.

Wenn Sie darauf tippen und von einem früheren Speicher- oder Ladevorgang noch eingeloggt sind, erhalten Sie sofort Zugriff auf die Ordner und Dateien auf dem Server. Wenn Sie noch nicht auf einem WebDAV-Server waren oder sich ausgeloggt haben, geben Sie als Nächstes wieder die Zugangsdaten an.

Abbrechen	**WebDAV-Anmeldung**	Anmelden
Serveradresse	http://severadresse	
Benutzername	Name des Benutzers	
Kennwort	●●●●●●●●●●●●	
	Mehr zu WebDAV erfahren	

Geben Sie die Zugangsdaten zum WebDAV-Server ein, wenn Sie danach gefragt werden.

Wechseln Sie dann in den Ordner, in den Sie zuvor die Datei abgelegt haben. Daraufhin sehen Sie die Datei und können sie durch ein einfaches Tippen öffnen.

Rufen Sie dann den Speicherort der Präsentation auf.

Nun wird die Präsentation geladen und in die Liste der verfügbaren Präsentationen eingereiht.

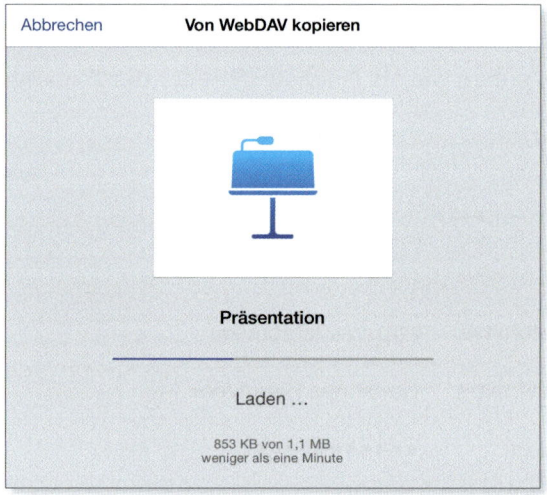

Die Präsentation wird geladen und ist dann verfügbar.

Keynote-Präsentationen in andere Formate exportieren

Die gerade gezeigte Möglichkeit, eine Keynote-Präsentation in das PDF- oder das PowerPoint-Format zu exportieren, ist der einzige Weg direkt auf dem iPad. Es gibt also keinen *Exportieren zu*-Befehl, wie Sie ihn beim Mac finden.

 Sie können aber über die iCloud eine Keynote-Präsentation mit Keynote auf dem Mac öffnen und haben dann Zugriff auf die anderen Exportformate **QuickTime**, **HTML**, **Bilder** und **Zip-Archiv**.

In anderer App öffnen

Wählen Sie diese Option, geben Sie im nächsten Schritt auch an, ob Sie eine Keynote-, PDF- oder PowerPoint-Datei exportieren möchten. Tippen Sie nach Erstellung der Datei dann auf *App auswählen*, werden Ihnen alle auf dem iPad installierten Apps zur Auswahl angeboten, die mit dem jeweiligen Dateityp umgehen können.

Hier können diese drei Apps mit PDFs umgehen.

Aber auch hier – Sie erkennen es bereits am Schlosssymbol im Hintergrund – ist zum Öffnen ein Kennwort erforderlich, sofern Sie die Präsentation in Keynote geschützt haben.

Auch der Umweg über eine andere App (hier: Evernote) entbindet Sie nicht von der Pflicht, das Kennwort einzugeben.

Präsentationen vorführen

Wenn Sie eine Präsentation vorführen möchten, haben Sie zwei grundlegende Möglichkeiten: Sie können sie direkt auf dem iPad wiedergeben oder mit einem Adapter (bzw. drahtlos über Apple TV) auch über ein TV-Gerät oder einen Beamer.

Präsentationen direkt auf dem iPad vorführen

Am schnellsten geht die Vorführung direkt auf dem iPad. Sie brauchen dazu keine Adapter und keine Kabel und schon gar keinen Beamer oder ein großes TV-Gerät. Nutzen Sie doch einfach das Display Ihres iOS-Geräts, um Ihre Präsentation vorzuführen.

 Zugegeben, mit dem iPad mag es im kleineren Rahmen noch recht gut klappen, aber je kleiner das Display, desto schlechter erkennen Ihre Zuschauer die Details der sorgsam gestalteten Folien. Und es ist auch wenig sinnvoll, einer Gruppe von 40 Personen eine Keynote-Präsentation auf dem iPad vorzuführen. Aber für eine Handvoll Zuschauer reicht es völlig aus.

Um eine Präsentation auf dem iPad abzuspielen, tippen Sie in der Symbolleiste auf das Wiedergabesymbol.

Mit dem Wiedergabesymbol starten Sie Ihre Präsentation.

 Die Wiedergabe beginnt übrigens immer mit der Folie, die Sie gerade geöffnet haben. Möchten Sie die Präsentation von Anfang an starten, wechseln Sie zunächst zur ersten Folie, bevor Sie auf „Play" tippen.

Optionen während der Wiedergabe

- Nächste Folie: Tippen Sie auf die Folie.
- Vorherige Folie: Streichen Sie nach rechts.

 Mit dem Streichen nach rechts setzen Sie auch alle Animationen auf der Seite zurück. Streichen Sie aber nicht ganz vom Rand ab, weil sonst der Seitennavigator eingeblendet wird.

- Foliennavigator einblenden: Tippen Sie ganz links auf das Display. Tippen Sie danach auf eine der Folien, um dorthin zu springen.

! Den Foliennavigator blenden Sie wieder aus, indem Sie auf eine beliebige Stelle in der Folie tippen.

- Laserpointer: Möchten Sie auf bestimmte Inhalte Ihrer Präsentation gesondert hinweisen, nutzen Sie die Laserpointerfunktion von Keynote. Diese erreichen Sie, indem Sie während der Wiedergabe auf die Folie tippen, den Finger auf dem Display belassen und dann den erscheinenden Laserpointer bewegen.

	Gold	Silber	Bronze	Insgesamt
Deutschland	8	3	4	15
Norwegen	7	4	7	18
Niederlande	6	6	8	20
USA	6	4	10	20
Russland	5	8	6	19
Schweiz	5	2	1	8
Weißrussland	5	0	1	6

Der Laserpointer hilft dabei, auf Inhalte einer Folie gesondert hinzuweisen.

Über ein TV-Gerät oder Beamer präsentieren

Mit einem Adapter, der je nach iOS-Gerät von einem Lightning- bzw. 30-poligen Apple-Adapter auf ein HDMI- oder VGA-Kabel übersetzt, können Sie die Präsentation auch ganz groß darstellen.

Stecken Sie dazu den Adapter am iOS-Gerät an und darüber auch das entsprechende Kabel für das TV-Gerät oder den Beamer.

Via AirPlay präsentieren

Haben Sie am TV-Gerät ein Apple TV angeschlossen, funktioniert die Wiedergabe darüber auch drahtlos. Starten Sie dazu *AirPlay*, indem Sie vom unteren Rand Ihres iPads nach oben wischen und auf *AirPlay* tippen; wählen Sie dann Ihr Apple TV aus und aktivieren Sie zusätzlich *Bildschirmsynchr.*

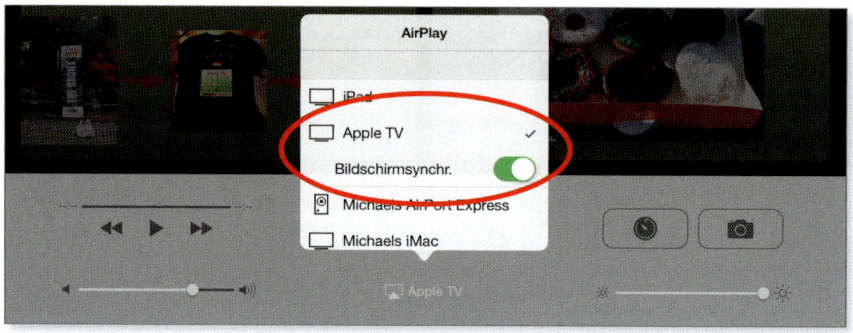

Aktivieren Sie „AirPlay", um drahtlos über Apple TV zu präsentieren.

Nun erkennen Sie auch gleich, dass sich das Wiedergabesymbol verändert hat. So sehen Sie auf Anhieb, ob die Wiedergabe auf dem mobilen Gerät oder auf dem TV-Gerät laufen wird.

Das veränderte Wiedergabesymbol zeigt es an: die Wiedergabe erfolgt auf dem externen Monitor.

 Wenn Sie die Präsentation auf einem externen Bildschirm wiedergeben, wird der Foliennavigator nicht dort, sondern auf dem iOS-Gerät angezeigt. Dort sehen Sie während der Wiedergabe dann auch den Moderatormonitor.

Moderatormonitor verwenden

Der Moderatormonitor steht Ihnen immer dann zur Verfügung, wenn Sie nicht direkt auf dem iOS-Gerät präsentieren, sondern über einen externen Monitor. Dann sehen Sie auf Wunsch neben der gerade gezeigten Folie auch noch weitere Informationen, die Sie in den Einstellungen festlegen können.

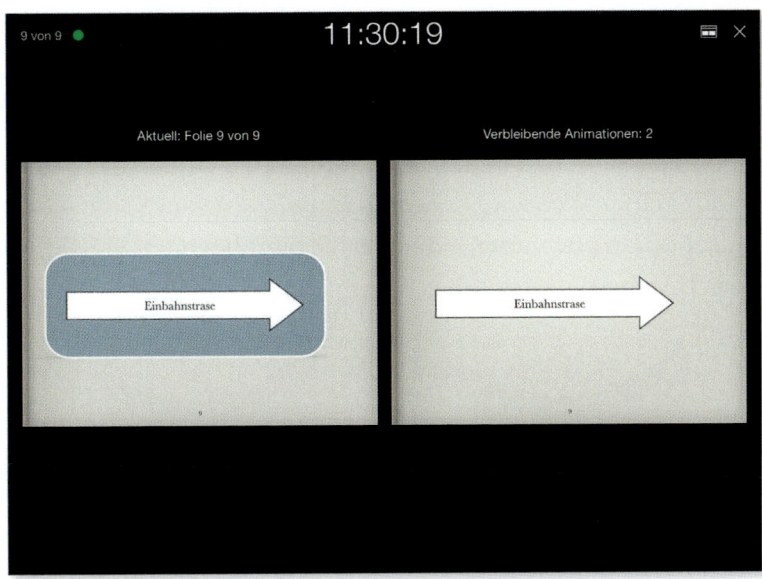

Der Moderatormonitor kann Ihnen auf Wunsch die aktuelle und die nächste Folie zeigen. Und auch Infos zu den verbleibenden Animationen sehen Sie dort.

Was Sie sehen möchten, lässt sich auch einstellen. Tippen Sie dazu auf das Symbol rechts oben neben dem *X*.

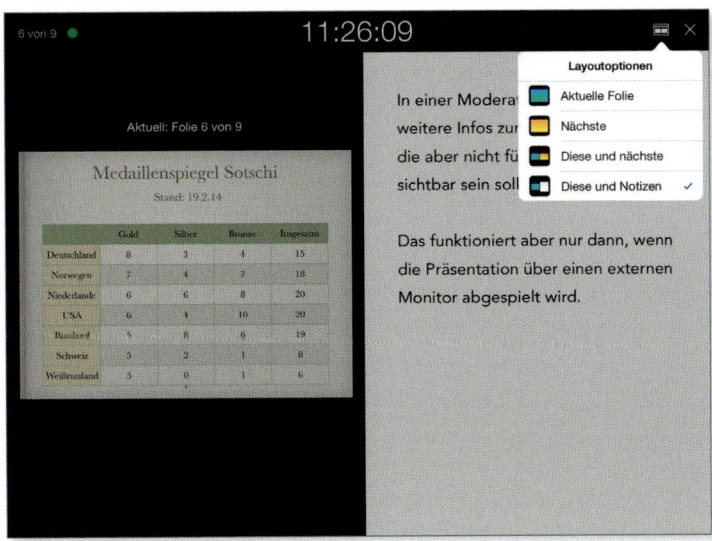

Legen Sie fest, was der Moderatormonitor anzeigen soll.

 Die Foliennummer und die Uhrzeit sehen Sie unabhängig von den gewählten Optionen.

Wiedergabe beenden

Sie beenden die Wiedergabe damit, dass Sie zwei Finger auf das Display setzen und die Finger zusammenziehen. Das funktioniert ganz so, als würden Sie aus einem Foto oder einer Webseite herauszoomen.

Bei der Präsentation über einen externen Monitor beenden Sie die Wiedergabe über das *X* rechts oben.

Keynote
in der iCloud

Bisher haben Sie die beiden Keynote-Versionen für den Mac (OS X) und für die mobilen Apple-Geräte (iOS) kennengelernt. Diese Versionen haben eines gemein: Um sie nutzen zu können, ist eine Installation der Software erforderlich.

Es gibt aber noch eine dritte Keynote-Variante, die Sie von jedem Rechner aus starten können, der mit dem Internet verbunden ist und eine halbwegs aktuelle Browsersoftware installiert hat. Der Vorteil: Das ist die einzige Keynote-Variante, die Sie auch unter Windows einsetzen können.

> In diesem Kapitel schreiben wir Keynote, wenn Keynote für die iCloud gemeint ist. Geht es aber um Keynote für OS X oder iOS, schreiben wir das jeweils dazu.

Systemvoraussetzungen für Keynote

Konkret gesagt benötigen Sie unter OS X mindestens Safari 6.0.3 oder Google Chrome 27.0.1. Unter Windows klappt es zusätzlich mit Internet Explorer ab 9.0.8. Wenn Sie einen solchen Browser installiert haben und der Rechner mit dem Internet verbunden ist, können Sie Keynote wie auch die anderen iWork-Programme nutzen. Und Sie benötigen natürlich einen iCloud-Account (eine Apple-ID), den man aber kostenfrei anlegen kann, egal ob man ein Apple-Gerät benutzt oder nicht. Wenn Sie bereits Apps im App Store heruntergeladen haben (egal ob auf einem iPhone, iPad oder Mac), verfügen Sie bereits über eine Apple-ID, die in den meisten Fällen mit Ihrer E-Mail-Adresse identisch ist.

Keynote in der iCloud – derzeit noch Beta (April 2014)

Vorab ein Hinweis: Wenn man keine andere Möglichkeit hat und dringend eine Präsentation vorführen oder bearbeiten will, kann man die iCloud-Variante von Keynote dazu nutzen. Das ist aber in der aktuellen Version kaum mehr als eine Notlösung, da iCloud im Web derzeit noch Beta ist. Doch Apple arbeitet kontinuierlich an der Verbesserung.

Wann immer Sie die Möglichkeit haben, eine der beiden anderen Versionen für OS X oder iOS zu benutzen, raten wir dringend dazu. Dann haben Sie alle Möglichkeiten, die eine moderne Präsentationssoftware zu bieten hat. Und wenn Sie die Apps nicht ohnehin kostenfrei bekommen, sind sie sehr günstig zu haben. Das ist eine Investition, die sich lohnt!

Keynote starten

Um Keynote zu starten, rufen Sie die Webseite *www.icloud.com* auf und loggen sich mit Ihrer Apple-ID und dem dazugehörigen Kennwort ein.

Daraufhin erhalten Sie Zugriff auf alle Funktionen, die Ihnen iCloud bietet. Darunter fallen Mail, Kontakte, Kalender, Notizen, Erinnerungen und Mein iPhone. Sie finden hier aber auch die Webversionen der Programme Pages, Numbers und Keynote.

Innerhalb der drei iWork-Programme finden Sie Keynote.

Um Keynote zu starten, klicken Sie auf das entsprechende Symbol. Die *Willkommen*-Botschaft klicken Sie mit *Weiter* weg, ebenso die *Erste Schritte*-Information.

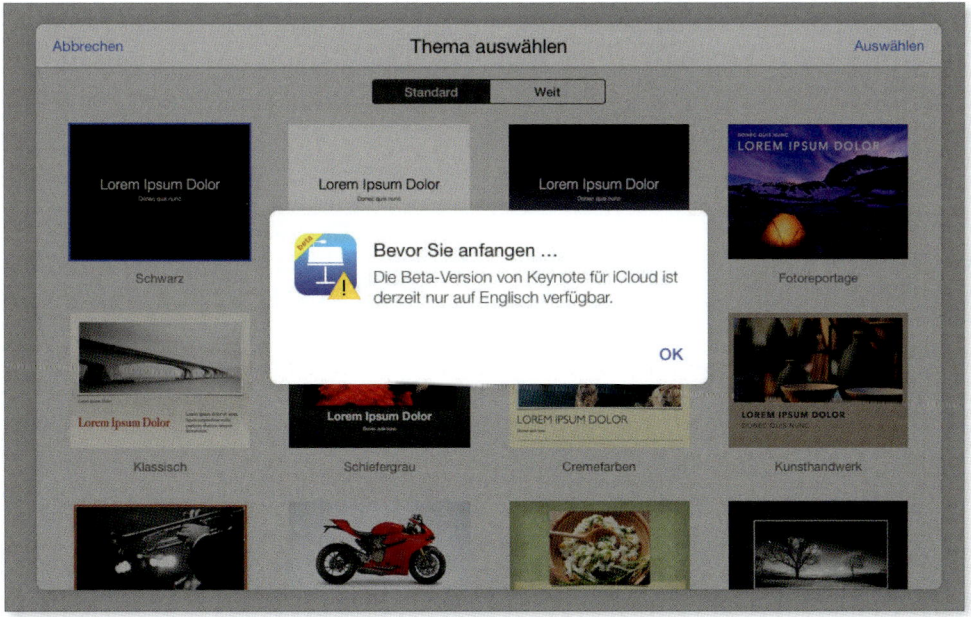

Leider handelt es sich bei dieser Keynote-Version um eine Beta. Das merkt man auch recht schnell – zum Beispiel an der Sprache.

Neues Thema auswählen

Der erste Schritt auf dem Weg zu Ihrer Präsentation ist die Wahl eines passenden Themas. Dabei handelt es sich um Präsentationsvorlagen, die es Ihnen ermöglichen, sofort mit den Inhalten der Präsentation anzufangen. Die Themen ersparen Ihnen die grundsätzliche Gestaltung der Folien, wenn Sie nicht ganz spezielle Wünsche haben.

Wählen Sie eines der vielen hübsch gestalteten Themen aus oder nehmen Sie *Schwarz*, *Weiß* oder *Verlauf*, wenn Sie mit einer eher schlichten Vorlage beginnen und Ihr Design darauf aufbauen möchten.

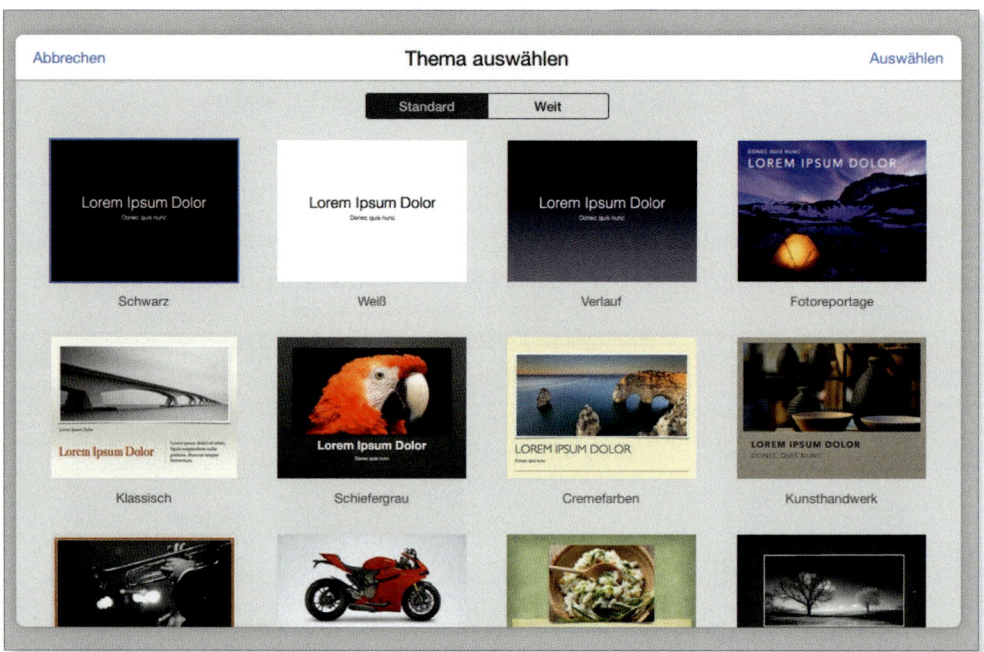

Die vorgefertigten Themen (oder: Vorlagen) sind sehr praktisch und lassen Sie sofort mit den Inhalten beginnen.

Wir wählen exemplarisch das Thema *Kunsthandwerk*. Sie können aber natürlich jedes andere Thema wählen. Mit *Auswählen* geht es weiter.

Vorhandene Präsentationen aufrufen

Dass Sie gleich nach dem Start ein Thema auswählen sollten, liegt daran, dass Sie in der Vergangenheit noch keine Präsentationen in Keynote erstellt hatten. Gibt es bereits Projekte, können Sie diese selbstverständlich an dieser Stelle auch auswählen.

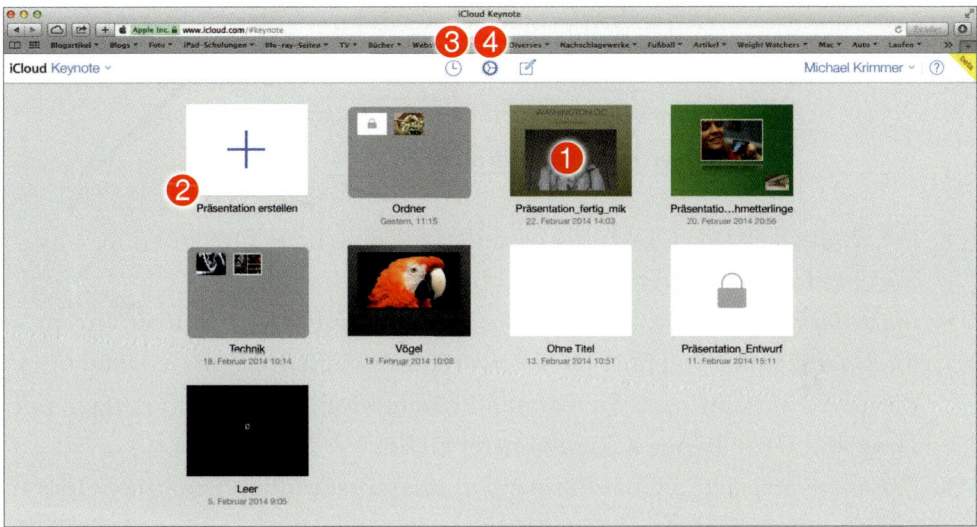

Sind bereits Präsentationen vorhanden, gelangen Sie zunächst zum Auswahlbildschirm.

 Möchten Sie auf Ihre bereits in der iCloud gespeicherten Präsentationen zugreifen, vergewissern Sie sich, dass Sie sich mit derselben Apple-ID anmelden, die auch am Mac oder den mobilen Apple-Geräten eingetragen ist. Nur dann haben Sie Zugriff auf diese Daten.

❶ Doppelklicken Sie auf eine vorhandene Präsentation, um sie anzusehen oder zu bearbeiten.

❷ *Präsentation erstellen* bringt Sie zur eben gezeigten Themenauswahl. Mit *Abbrechen* kommen Sie wieder zurück.

❸ Wurden Sie in der Vergangenheit von einem anderen Keynote-Benutzer eingeladen, seine Präsentationen anzusehen (und zu bearbeiten), finden Sie diese hier.

❹ Über das Zahnrad erhalten Sie Zugriff auf viele weitere Optionen.

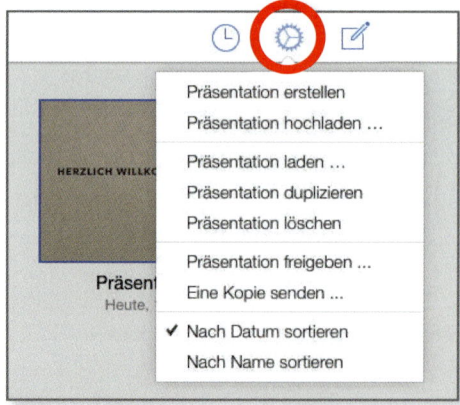

Das Zahnrad bietet umfangreiche weitere Möglichkeiten.

- *Präsentation erstellen*: Darüber erstellen Sie eine neue Präsentation, was Sie ebenfalls zur Themenauswahl bringt.
- *Präsentation hochladen …*: Haben Sie bereits eine Präsentation auf Ihrem Rechner (egal ob Keynote oder PowerPoint), können Sie diese Datei über diesen Punkt einfügen. Sie können Präsentationen aber auch einfach per Drag and Drop in das iCloud-Fenster ziehen.
- *Präsentation laden …*: Über diese etwas missverständlich benannte Option erstellen Sie aus der gerade markierten Präsentation eine Keynote-, PDF- oder PowerPoint-Datei und laden sie herunter.
- *Präsentation duplizieren*: Erstellen Sie eine exakte Kopie der markierten Präsentation. Das ist dann hilfreich, wenn Sie eine Präsentation ändern und so im Notfall immer wieder zur alten Version zurückkehren können.
- *Präsentation löschen*: Löschen Sie hierüber eine Präsentation. Nach einer Sicherheitsabfrage ist der Eintrag dann weg.
- *Präsentation freigeben …*: Über diesen Punkt erstellen Sie einen Link zu der markierten Präsentation, den Sie dann verschicken können.

Zunächst müssen Sie die „Präsentation freigeben". Dann lässt sich der Link verschicken.

Nachdem Sie die Präsentation freigegeben haben, wird das Logo links oben grün. Sie können jetzt entweder den Link markieren und mit *cmd + C* kopieren.

Die Präsentation ist freigegeben. Sie erkennen das am grünen Symbol. Mit „Freigabe stoppen"
machen Sie das wieder rückgängig.

Oder Sie klicken auf *Link senden* und geben in das anschließend angezeigte Fenster die Mailadresse des gewünschten Empfängers an. Mit *Senden* verschicken Sie die Einladung.

Die Freigabe lässt sich direkt aus der iCloud per Mail versenden.

Ist eine Datei freigegeben, erkennen Sie das auch gleich am Vorschaubildchen:

Man sieht es sofort an der grünen Ecke: Diese Datei ist freigegeben.

- *Eine Kopie senden ...*: Mit dieser Option verschicken Sie nicht den Link zur Präsentation, sondern die Präsentation selbst. Wählen Sie im nächsten Schritt, ob Sie Ihre Folien im Keynote-, PDF- oder PowerPoint-Format versenden möchten.

„Keynote", „PDF" oder „PowerPoint" – Sie haben die Wahl, in welchem Format Sie die Folien verschicken möchten.

Wählen Sie das Format und die Datei wird erstellt und an eine E-Mail-Nachricht angehängt (klicken Sie dazu auf *E-Mail*). Sie müssen dann nur noch den Namen eingeben und die Nachricht *Senden*.

 Präsentationen mit einer Dateigröße von mehr als 20 MByte lassen sich nicht versenden.

Diese Präsentation ist zu groß, um sie per E-Mail zu versenden.

- *Nach Datum/Name sortieren*: Und schließlich legen Sie hier fest, wie die vorhandenen Präsentationen sortiert werden sollen.

Die Oberfläche von Keynote

Bis zu dieser Stelle können Sie bestehende Präsentationen verwalten und neue erstellen. Die Oberfläche zur Verwaltung der Dateien ist auch so gestaltet, wie Sie es von einer modernen Apple-Software gewohnt sind. Ganz anders sieht es aus, wenn Sie eine neue Präsentation erstellen oder eine vorhandene auswählen.

Dann sieht man sofort, warum Apple die iWork-Programme in der iCloud als Beta bezeichnet.

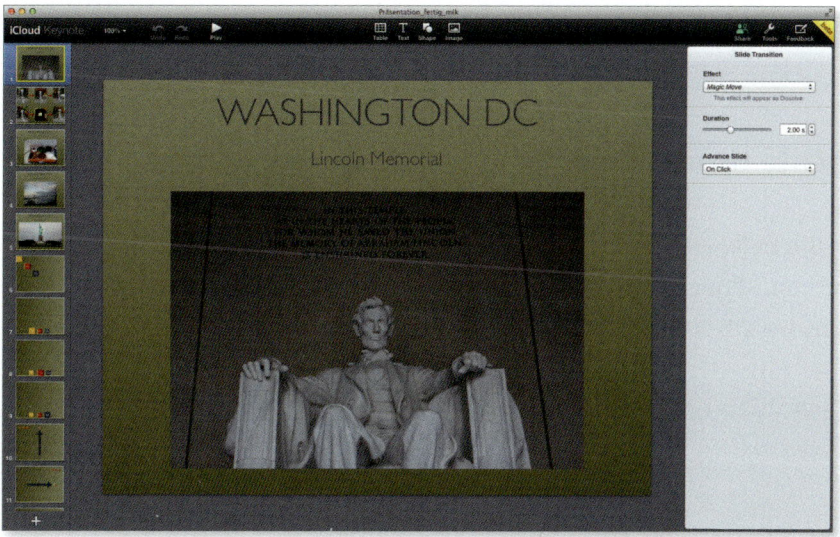

Keynote in der iCloud ist in vielerlei Hinsicht sehr rückständig.

An dieser Stelle gleich ein Hinweis: Wenn Sie Keynote unter OS X oder iOS gewohnt sind, wird die iCloud-Version eine herbe Enttäuschung sein. Sie haben zwar in der Symbolleiste oben die Möglichkeit, Elemente (Tabellen, Texte, Formen und Bilder) einzufügen, und es gibt noch weitere Tasten wie *Play*, *Undo* und *Redo* sowie die Werkzeuge am rechten Rand. Die Möglichkeiten, die Sie dabei haben, sind aber vergleichsweise dürftig.

Audio wird beispielsweise derzeit nicht unterstützt. Selbst dann nicht, wenn die Datei in einer aktuelleren Version (OS X, iOS) bereits eingefügt wurde.

Noch dazu ist die iCloud-Version von Keynote aktuell noch nicht vollständig lokalisiert (Stand: April 2014), alle Anwender müssen sich derzeit mit der englischen Version begnügen.

Die Möglichkeiten von Keynote in der iCloud

Es ist nicht so, dass Sie mit Keynote in der iCloud überhaupt nichts anfangen können. Aber die Möglichkeiten sind radikal eingeschränkt. Das wird sich später vermutlich ändern, wenn Apple den Beta-Status beendet. Aber mit Stand Ende Februar 2014 ist es dürftig.

Elemente formatieren

Wenn Sie beispielsweise eine Form einfügen, haben Sie ein paar Möglichkeiten im rechten Bereich des Bildschirms. Die sind dann vergleichbar mit dem *Format-*Fenster der OS X- oder iOS-Version. Das gilt auch für die anderen Elemente.

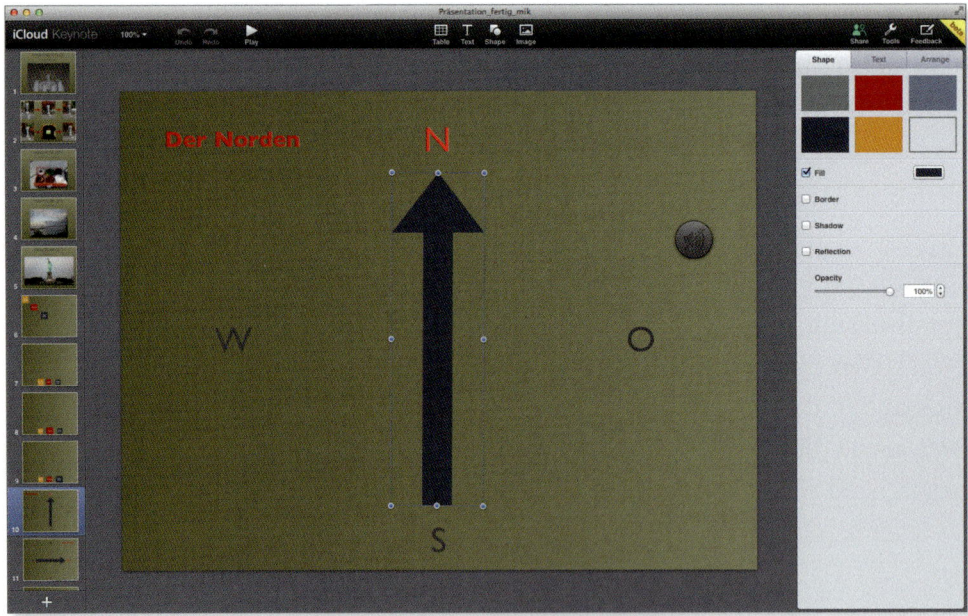

Elemente lassen sich im rechten Bereich anpassen.

Effekte

Die Übergänge von einer Folie zur nächsten werden mit etwas Glück übernommen. Wenn Sie neue hinzufügen möchten, gibt es eine überschaubare Anzahl von Möglichkeiten.

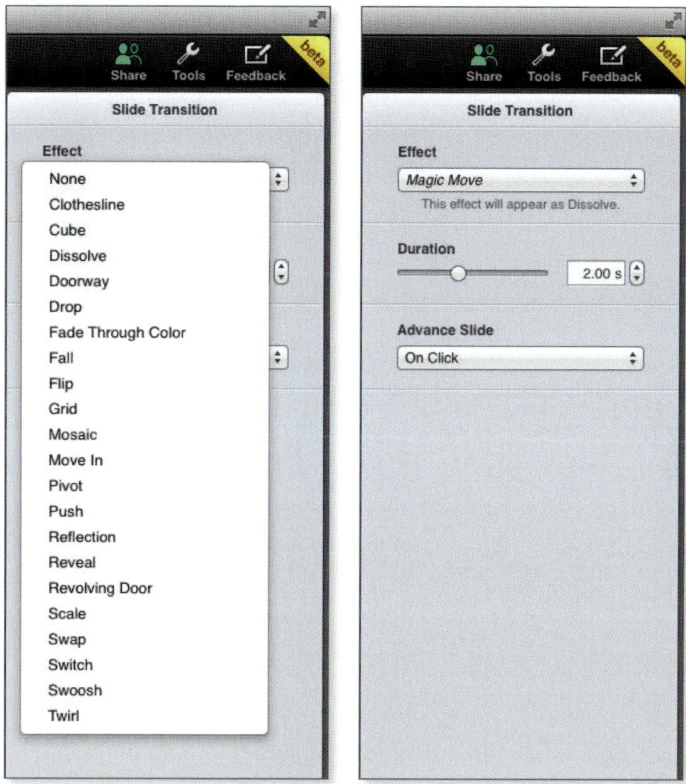

Es gibt eine eingeschränkte Auswahl von Effekten. „Zauberei" ist vorhanden, heißt aber im Original „Magic Move".

Haben Sie Elemente mit Effekten versehen, verschwinden diese beim Öffnen in der iCloud. Unser Beispiel (das Verkehrsschild) wurde mit verschiedenen Animationen auf- und wieder abgebaut. In der iCloud wird es einfach in einem Schritt angezeigt, ganz ohne Effekte.

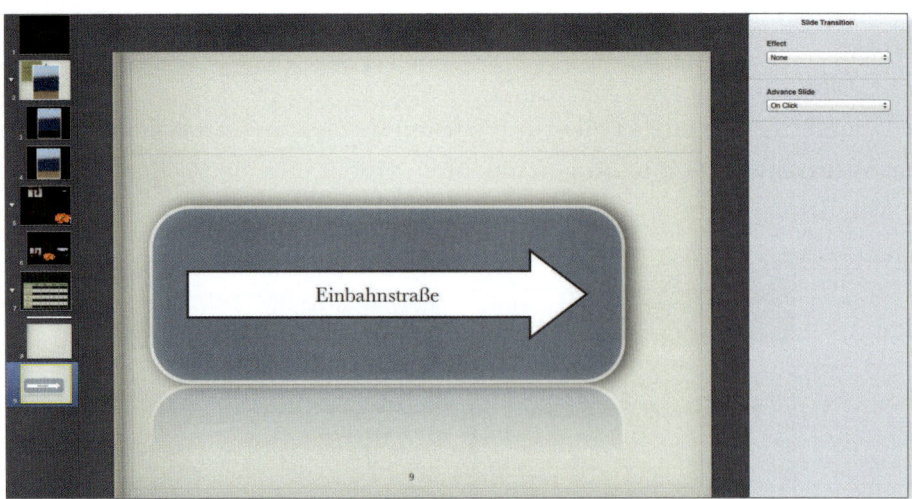

Effekte, die auf Elemente angewendet wurden, werden entfernt.

Index

OS-X-Version

(Keynote auf dem Mac)

iOS-Version

(Keynote auf dem iPad und iPhone)

iCloud-Version

Weitere interessante Bücher
rund um das Thema Apple, iPad und iPhone finden Sie
unter www.amac-buch.de